Cicely Saunders

Hospiz und Begleitung im Schmerz

HERDER / SPEKTRUM
Band 4213

Das Buch

Müssen Menschen am Ende ihres Lebens qualvolle Schmerzen leiden? Müssen sinnlose Apparatemedizin und Einsamkeit die letzte Lebensphase bestimmen? Dieses Buch zeigt überzeugend: Sterben kann ganz anders sein, menschlich und würdig. Es ist eine alte humane Weisheit, die das erfahrene Team des weltberühmten Londoner St. Christopher's-Hospice in diesem praktischen Handbuch zusammenfaßt und weitergibt: Das Geheimnis der Patientenbegleitung liegt in der Begleitung des Patienten. Cicely Saunders und ihre Mitarbeiter zeigen, wie das Zusammenspiel von Kräften gelingen kann, worauf man achten muß, um die Lebensqualität von Kranken in einer nahen Beziehung zu ihnen und ihren Angehörigen zu verbessern. Im Zentrum dieses Buches steht die Frage nach der Palliativbetreuung: Wie kann man dem oft totalen und entwürdigenden Schmerz begegnen, nicht nur in physischer Hinsicht, sondern auch im Blick auf die emotionale, soziale und die spirituelle Dimension? Wie können Kraft und Gelassenheit des Patienten und der Angehörigen in dieser schwierigen Phase stabilisiert werden? Wie kann der oft dringende Wunsch nach Versöhnung und Verabschiedung gelingen? An einer Vielzahl von ganz konkreten Situationen wird geschildert, wie im Interesse des Kranken Lösungen im Team getroffen werden können und dabei doch die gesamte Situation im Blick bleibt. Das Vorwort schrieb Reinhold Iblacker S.J., Vorstandsmitglied des Christophorus-Hospiz-Vereins München. Professor Johann-Christoph Student, der die deutsche Taschenbuchausgabe medizinisch durchgesehen und um einen Anhang ergänzt hat, ist Vorsitzender der Arbeitsgruppe „Zu Hause sterben" und hat bei Herder/Spektrum das Buch „Im Himmel welken keine Blumen. Kinder begegnen dem Tod" (Band 4071) herausgegeben.

Die Herausgeberin

Dame Cicely Saunders, Gründerin des weltberühmten St. Christopher's Hospice, London, hat zahlreiche Bücher und Artikel zum Thema geschrieben.

Cicely Saunders

Hospiz und Begleitung im Schmerz

Wie wir sinnlose Apparatemedizin und einsames Sterben vermeiden können

Aus dem Englischen von Dr. Hannelore Freisfeld
Mit einem Vorwort von Reinhold Iblacker S. J.
und einem Nachtrag von Johann-Christoph Student

Herder
Freiburg · Basel · Wien

Alle Angaben zur Medikation in den Texten dieses Buches erfolgten nach bestem Wissen, entbinden den behandelnden Arzt jedoch nicht von seiner Pflicht zur eigenen Nachprüfung.

Deutsche Erstausgabe

Titel der Originalausgabe:
Hospice and Palliative Care – an interdisciplinary approach.
Verleger der Originalausgabe:
Edward Arnold Publishers, Kent 1990; © by Cicely Saunders.
Die Originalausgabe wurde mit Zustimmung von C. Saunders
um ein Kapitel gekürzt und um deutsche Beiträge ergänzt.
Umschlaggestaltung: Joseph Pölzelbauer
Herstellung: Freiburger Graphische Betriebe 1995
Umschlagfoto: Patrick Hörl, München
ISBN 3-451-04213-4

INHALT

Anhang

VORWORT

von Reinhold Iblacker S. J.

In einem Telefonat stellte die Übersetzerin dieses Buches fast verzagt fest, wie wenig bekannt in ihrem Bekanntenkreis, Krankenschwestern, Altenpflegerinnen, ja sogar Arzt-Kollegen eingeschlossen, in Deutschland Begriffe wie Palliativ-Medizin, „palliative Betreuung" seien. Ich versuchte sie mit dem Hinweis zu trösten, daß es dem Begriff „Hospiz" hierzulande ähnlich ergehe: ein wenig Kenntnis und viel Mißverständnis.

Ein Beispiel lieferte die renommierte „Süddeutsche Zeitung" vom 27. Januar 1993 mit dem Aktuellen Lexikon. Dort erfährt der von Hackethal und Atrott bereits genügend vorverwirrte Leser unter dem Stichwort „Palliativ-Station":

„Einem Menschen, der an einer weit fortgeschrittenen Krebserkrankung leidet, kann die kurative, also heilende Medizin meist nicht mehr helfen. Im Endstadium einer Tumorkrankheit geht es darum, die Schmerzen zu lindern und dem Patienten seelischen Beistand zu geben. Diesen Aufgaben widmet sich die Palliativmedizin (lat. pallium: Mantel)... Seit 1991 fördert auch das Bundesgesundheitsministerium den Aufbau von etwa 15 Palliativ-Einheiten in Krankenhäusern, verteilt über alle Bundesländer. Dort arbeiten Ärzte, Psychologen, Seelsorger und Pflegekräfte eng zusammen. Ziel der Behandlung ist, den Patienten möglichst so weit wiederherzustellen, daß er zumindest zeitweise nach Hause entlassen werden kann und ihm dort ein menschenwürdiges Sterben zu ermöglichen..."

Und nun kommt der Satz, der die Vertreter der Hospizidee die Wände hochgehen läßt: „Dies ist auch der wesentliche Unterschied zu den sogenannten Hospizen, die sich gezielt um die Begleitung in einen würdigen Tod bemühen."

„Überflüssig", schreibt Dr. Gustava Everding von der BUNDES-

ARBEITSGEMEINSCHAFT HOSPIZ, „ist dieser Satz, da ein Gegensatz zwischen Palliativstationen und Hospizen nicht existiert; falsch, da Hospize sich nicht nur um die Begleitung in einen würdigen Tod bemühen (genauso wie die Palliativstationen), sondern hauptsächlich die verbleibende Lebenszeit bei Schwerstkranken und Sterbenden lebenswert gestalten wollen, wenn möglich zu Hause".

Palliative Betreuung, darauf bestehen die Anhänger der Hospiz-Bewegung, gilt für beide Bereiche, die *Palliativstationen* wie für die *Hospize*. Wenn es einen Unterschied gibt, besteht er darin, daß das Hospizkonzept neben der stationären auch eine ambulante oder teilstationäre Betreuung Betroffener vorsieht. Die Kombination dieser Bereiche wird als Ideal angesehen.

Dem vorliegenden Buch kommt besondere Bedeutung zu. Es wurde erarbeitet vom Team des St. Christopher's Hospice in London, das Bahnbrechendes geleistet hat für die Entwicklung der weltweiten Hospiz-Bewegung ebenso wie für die Etablierung und Anerkennung der Palliativ-Medizin. Die Teammitglieder bieten eine knappe, ungemein vernünftige Summe der reflektierten Praxis, die dem aufmerksamen Leser zur gedanklichen und begrifflichen Klärung verhelfen kann.

Dem deutschen Leser, der mit dem Begriff „Hospiz" nicht vertraut ist, sei es durch Lektüre, sei es durch Erfahrung, wird es – vielleicht – hilfreich sein, wenn er aus der Sicht eines nicht-beteiligten Beobachters erfahren kann, wie eine solche Institution arbeitet oder funktioniert.

1970 drehten wir im St. Christopher's Hospice in London den Fernsehfilm „Noch 16 Tage", der die Hospiz-Idee in ihrer konkreten Verwirklichung darstellen wollte. Darum weiß ich bereits beim Niederschreiben der Worte „arbeitet" und „funktioniert", daß sie nicht richtig und zutreffend sind in dem Sinn, wie wir als Filmemacher damals die Wirklichkeit von St. Christopher's und aller dort angetroffenen Personen erlebten.

Wir sahen Menschen im Endstadium von Krebs, die in der Zeit unserer Anwesenheit entweder starben oder wieder nach Hause gingen. Sie kamen wieder, manche öfter, bis sie dann starben, daheim oder im Hospiz. Uns fiel auf, und einer aus unserem Team drückte es so aus: „Das ist wie in einem normalen Krankenhaus, nur können sich die Menschen, die sich um die Kranken kümmern, viel mehr Zeit für sie nehmen."

Zu Beginn der Dreharbeiten, als wir unseren hospiz-gerechten Rhythmus noch nicht gefunden hatten, fiel uns nicht so recht auf, daß die „Menschen, die sich soviel Zeit nehmen konnten", dies nach einem ausgearbeiteten und erprobten Plan taten, nach dem jede beteiligte Person ihre Aufgabe hatte und sie wahrnahm.

Das geschah so selbstverständlich, daß uns die Idee, hier könnte ein „Team" am Werk sein, zu dämmern begann. Klar wurde es uns jedoch nicht. Und darum ist es gut, daß die zwei ersten Kapitel ausdrücklich auf das „Team" eingehen und die Zusammenarbeit der einzelnen Teammitglieder behandeln.

Hier muß der nicht-englische Beobachter anfügen, daß er sich schwergetan hätte, den einzelnen Teammitgliedern ihre soziale „Stellung" zuzuschreiben, hätten sie sich nicht durch die Kleidung unterschieden: weiße Kittel wurden von Ärztinnen und Ärzten getragen, andere Farben (wie Blau, Grün, Rosa etc.) deuteten an, ob die Patienten es mit Schwestern, Pflegehelferinnen, Physiotherapeuten, Reinigungspersonal oder Freiwilligen Helfern zu tun hatten.

So viel wurde aber klar: Menschen mit verschiedenen Qualifikationen mühten sich um die Kranken. Unter den Betreuern herrschte eine Art von Gleichberechtigung. Dies zeigte die selbstverständliche Art des Umgangs miteinander im Team, die unbefangen vorgebrachten Meinungsbeiträge in den Sitzungen, wenn es um Sterbende ging. Wir gewannen den Eindruck, daß die Struktur dieser Stations-Teams flexibel war und dabei auf der festen Basis der Pflege-Schwestern aufbaute. In verschiedenen Stationen konnten wir Betreuer wieder finden, die wir vorher bereits im Zusammenhang mit anderen Stationsteams gesehen hatten. Die Art und Weise, wie diese Personen (vor allem waren es Ärztinnen und Ärzte) sich in die jeweilige Teamzusammensetzung „einfügten" oder „einordneten", widersprach jedem hierarchischen Prinzip, jedem Muster von „Oben – Unten". Es ging um den Sterbenden, um die Mitteilung von Beobachtungen seines Befindens, und da zählte der kleinste Beitrag. Die Vorgehensweise wurde, aufbauend auf diesem Informationsaustausch, besprochen (nicht besserwisserlich diktiert) und festgelegt.

Regelmäßiger Austausch unter Betreuern, die sich ihrer Kompetenz bewußt waren und die anderer achteten, das war nach unserer Einsicht das „Geheimnis" dieser Kooperation auf der vertikalen Ebene ebenso wie auf der horizontalen. Der Fachausdruck für solche Zusammenarbeit heißt nüchtern „multi-disziplinäres Team".

Solche Zusammenarbeit kostet Zeit. Das muß berücksichtigt werden, wenn wir im Ernst behaupten, daß jedes Teammitglied ein bereits vorgeprägtes Individuum ist, das seinen Anspruch auf Konsensfindung erhebt, und wenn der Prozeß noch so mühsam ist. Natürlich gibt es auch Fälle des Scheiterns aufgrund der Unvereinbarkeit von Charakteren, die, jeder für sich genommen, ihre eigenen Qualitäten haben. Nur für ein Team sind sie tödlich. Darum sind für das Team und seine Arbeit erfahrene Psychologen unverzichtbar.

In St. Christopher's wird die Motivation zur Formung der „Hospiz-Persönlichkeit", die sich immer wieder „frei", d. h. mit Verzicht auf unbedingte Selbstdurchsetzung, dem größeren Ganzen des Teams „einordnet", in einer ausgeprägten Spiritualität zu suchen sein, die aber um die Hilfestellung der Psychologie weiß.

Hospiz als Modell hat sich in den angelsächsischen Ländern überraschend erfolgreich durchgesetzt. Die rasch wachsenden Zahlen von Hospizen und Palliativstationen beweisen dies. Für uns stellt sich die Frage, *ob* und *wie* sich das vorgestellte Modell hier durchsetzen wird unter den Rahmenbedingungen unseres Medizinsystems, das genügend Hindernisse in sich birgt. Die Unterstützung durch das Bundesministerium für Familie und Senioren hat in der Bundesrepublik Deutschland begonnen durch die Förderung von Palliativstationen. Ein großer Schritt ist getan, dem weitere folgen werden müssen.

Dem Verlag Herder sei gedankt, daß er zum Zeitpunkt, an dem unser Medizinsystem vor folgenschweren Entscheidungen steht, diesen Beitrag zum Nachdenken und Nachahmen zugänglich macht.

EINLEITUNG

von Cicely Saunders

Vor über 65 Jahren schrieb Peabody: „Das Geheimnis der Patientenbegleitung besteht in der Begleitung des Patienten." Diese Lebensweisheit faßt im wesentlichen zusammen, worauf unsere Arbeitsmethode beruht, die wir in diesem Buch zu beschreiben versucht haben. Im gleichen Zusammenhang sagt Peabody: „Was man als ein ‚klinisches Bild' bezeichnet, sollte man sich nicht wie die Photographie eines kranken Menschen im Bett denken. Es ist vielmehr wie ein impressionistisches Bild des Patienten, der von seinem Zuhause, seiner Arbeit, seinen Verwandten, seinen Freunden, seinen Freuden, Sorgen, Hoffnungen und Ängsten umgeben ist."

So ist es auch mit dem Problem, das wir angehen; und auch wir tun das nun wiederum mit einem anderen „impressionistischen" Bild. Wir selbst sind gleichsam eine Collage, aus all den verschiedenen Berufen zusammengesetzt, die die ganzheitliche Betreuung der Person, die sich dem Tod nähert, betreffen. Zu Hause wird der Leiter der Basis-Gesundheits-Teams der „Künstler" sein; auf der Station eines Krankenhauses oder eines Hospizes wird möglicherweise eine Krankenschwester das Team leiten und somit die „Collage" zusammensetzen, während die Teamleitung von den entsprechenden Fachleuten übernommen werden muß, sobald es um die Lösung spezieller klinischer oder psychosozialer Probleme geht. Diese Komplexe werden in diesem Buch zum einen vom Arzt Tom West in seinem Kapitel über „Prinzipien", in denen er die Ausgangssituation darlegt, angesprochen und zum anderen von Schwester Linda Jackson, die ihre praktischen Erfahrungen auf einer Station vorstellt.

Vor dem Hintergrund von vier getrennten stationären Einrichtungen und dem Hausbetreuungs-Team eines Lehr- und Ausbildungshospizes müssen wir unsere grundlegende Philosophie über interdisziplinäres Arbeiten verifizieren. Wie in einem Hospiz, in dem der Durchschnittsaufenthalt eines Patienten ungefähr drei Wochen beträgt und viele Angestellte nur für eine begrenzte Zeit zum Zweck ihrer Ausbildung dort arbeiten, solch ein Teamaufbau zustande kommt, das haben wir uns einmal näher angeschaut. Nach häufig mehr als einer stationären Hospizaufnahme zur Symptomkontrolle und nach einer Zeit der häuslichen Pflege mit Hilfe unseres Hausbetreuungs-Teams und der wichtigsten kommunalen Hilfsmöglichkeiten stirbt die große Mehrzahl unserer Patienten bei uns. Sie sind eine Gruppe, die mit Problemen überwiesen werden, von denen andere glauben, daß sie spezialisierte Betreuung benötigen. Obwohl andere Probleme Teil einer komplexen Erscheinungsform sein können, sind die Schmerzen das Hauptsymptom, das die Patienten zu uns bringt; und ein multiprofessionelles Angehen dieses „totalen Schmerzes" wird fast immer gebraucht, wenn wir seinen emotionalen, sozialen und spirituellen Elementen, die die körperlichen noch verschlimmern, ins Auge sehen. Das ist natürlich auch die Vorgehensweise der multiprofessionellen Schmerzklinik. Aber in unserem Bereich gibt es noch den zusätzlichen Druck der begrenzten Zeit und der oft dringenden Wünsche nach Versöhnung und Verabschiedung. Das zentrale Kapitel von Mary J. Baines, internistische Chefärztin im St. Christopher's Hospice, behandelt diese Punkte; danach wird eine Reihe anderer Problempunkte angesprochen. Wenn die Kräfte und die Gelassenheit, sowohl die des Patienten als auch die seiner Familie, stabilisiert werden sollen, muß das Hospiz- oder Unterstützungs- oder palliative Betreuungs-Team schnell handeln, und die Kommunikation muß reibungslos funktionieren. Wir hoffen, daß die Dringlichkeit und der Zeitdruck, denen wir ausgesetzt sind, diesen Versuch, den wir beschreiben wollen, auch für Leser in anderen Einrichtungen dienlich sein kann, aber auch Klarheit in einem zentralen Anliegen bringen wird. Jede Krise kann Prioritäten hervorbringen und die Beteiligten befähigen, sich mit unerwarteter Geschwindigkeit zu bewegen. Die Zeit, die uns heute gegeben ist, kann durchaus den Ruf nach viel mehr Zeit später überflüssig machen.

Die zweite Hälfte dieses Buches stellt eine Auswahl von Situationen dar, die in jeder Familie, jeder Sozial- oder Krankenhausstation vorkommen können; und sie bieten die Gelegenheit, tiefe Gefühle von Versagen sowohl zu verstehen als auch – allzuoft – erst hervorzurufen. Sie sind die Themen, die von einer multiprofessionellen Gruppe im „brainstorming" ausgewählt wurden, um eine Reihe von Gelegenheiten aufzuzeigen, bei denen wesentlich ist, daß im Team gearbeitet wird, wenn irgendeine Lösung gefunden werden soll. Die Mitglieder sind erfahren im gemeinsamen Arbeiten und Lernen, sie sind darin geübt, ihre Arbeit zu reflektieren. Sie wählten diese Themen, um ihrem fachlichen Wissen und Können in einer anspruchsvollen Art und Weise auf den Grund zu gehen. Jeder Mitarbeiter hat die Verpflichtung übernommen, sein Kapitel mit Leuten aus anderen Berufen zu diskutieren, Leuten, mit denen er normalerweise arbeitet und seine Probleme teilt. Jeder der Verfasser spricht also nicht nur für seine eigene Disziplin, sondern auch als Teammitglied. Einige Kapitel sind mit einer großen Teamversammlung diskutiert worden, andere mit einigen ausgewählten Mitgliedern der Gruppe, mit denen die Autoren normalerweise arbeiten und oft um Lösungen kämpfen.

Alle würden zustimmen, daß die Leute, denen wir zu helfen versuchen, in einem gewissen Sinne Teil des Teams sind, zu Hause, indem sie die Hauptlasten der Pflege tragen, aber auch überall dort, wo immer der Patient sein mag. Dies trifft natürlich besonders in der Sorge um die Kinder eines sterbenden Eltern- oder Großelternteiles zu. Hier sind diese Kinder die wichtigsten Betreuer und Vermittler. Zu einem anderen Zeitpunkt ist es vielleicht in vielen Situationen unrealistisch, sie als Führer des Teams zu bezeichnen. Es besteht jedoch kein Zweifel, daß sie, bewußt oder nicht, diejenigen sind, die die Tagesordnung festlegen. Peabody stellt seinen Patienten in den Mittelpunkt seines impressionistischen Bildes; das interdisziplinäre Team tut nichts anderes, versucht aber gleichzeitig seine Aufmerksamkeit auch auf jeden Aspekt der ganzen Szene zu richten.

Auch wenn wir im folgenden in einigen Bereichen ganz konkrete Vorschläge machen, so ist das nicht in erster Linie im Sinne einer „Gebrauchsanweisung“ zu verstehen. Die Untersuchungen an und Behandlungen von Patienten, die viel Austausch mit Patienten und Familien ermöglichen, werden ausführlich anderswo beschrieben. In dem vorliegenden Buch wollen wir vielmehr nur davon mit-teilen, was sich in den letzten 22 Jahren zu einer fordernden und hilfreichen Arbeitsweise, auf einem oft sehr anstrengenden Gebiet, entwickelt hat. Wir haben nämlich nicht nur gelernt, selber zusammenzuarbeiten, sondern auch, wann und wo wir mit Beratern der verschiedenen Fachgebiete und mit anderen Teams kooperieren und sie zu Hilfe holen müssen. Wir hoffen, daß unsere Arbeit eine Lücke in der Literatur schließt. Außerdem möchten wir unsere Erfahrungen mit all denen teilen, deren Ziel es ist, die Qualität des Lebens der Patienten und die Beziehungen zu ihnen und ihren Familien in diesem allerletzten Lebensabschnitt zu verbessern.

ERSTER TEIL

Prinzipien der interdisziplinären Arbeit im Hospiz und palliative Betreuung

1
WIE EIN INTERDISZIPLINÄRES TEAM FUNKTIONIERT

von Tom West

Einleitung

Menschen mit weit fortgeschrittenem Krebs zu helfen verlangt mehr Fachkenntnisse, als irgendein Individuum allein beherrschen kann. Die Methode der interdisziplinären Teamarbeit ist in Fachgebieten wie der Kinderheilkunde entwickelt worden. Hier war es einfach notwendig, die ganze Familie einzubeziehen. Nirgends ist diese fächerübergreifende Teamarbeit jedoch notwendiger als bei Krebspatienten im Endstadium ihrer Krankheit – und zwar nicht nur als Reaktion auf die ausgesprochenen oder nur wahrgenommenen Bedürfnisse der Kranken selbst, sondern auch als Antwort auf die Bedürfnisse der betroffenen Familien.

Wir müssen heute die herkömmliche Definition des „ganzen Schmerzes" – mit seiner körperlichen, psychosozialen und geistigen Komponente – erweitern. Auch das Engagement und die Beanspruchung der Mitarbeiter, zusammen mit all den Leiden, die daraus erwachsen können, sind in dieses Konzept mit einzubeziehen. Auch die Wichtigkeit der „Familie" im weitesten Sinne des Wortes – sei sie gegenwärtig oder abwesend (ja selbst unabhängig davon, noch lebend oder schon tot) – muß neu erkannt und erforscht werden. Oft sind gerade hier verborgene Kräfte für sonst ausweglose Situationen zu entdecken.

Auswahl

Das interdisziplinäre Team wird von einer Gruppe von Individuen gebildet, die sich zweifellos aus den verschiedensten Gründen zu dieser Arbeit hingezogen fühlten. Wer Sterbende begleitet, hat meist persönliche Gründe, jemanden pflegen zu wollen, und der Wunsch, mehr zu verstehen und auch einbezogen zu werden sowohl in die Interaktion zwischen Patient und Familie als auch in die Teamarbeit selbst, ist ein guter Einstieg. Ein erfolgreiches Arbeitsteam beginnt damit, daß es sorgfältig ausgewählt ist. Es werden gebraucht: berufliche Kompetenz, Flexibilität, Sinn für Humor, Achtung vor anderen, die Fähigkeit, Kollegen zu unterstützen, und vor allem ein Gespür dafür, was Vertrauen bedeutet.

Es gibt so viele Auswahlmethoden, wie es Institutionen gibt, und es ist schwer, den Mittelweg zu finden zwischen einem demokratischen Vorgehen, bei dem jeder beteiligt werden muß, und einer autokratischen Berufung, die voraussichtlich viel Ärger mit sich bringen wird, wenn sie kein voller Erfolg ist. Eine klare Vorstellung von der gemeinsamen Aufgabe und deshalb auch von den gesetzten Zielen sowohl beim Interviewer als auch beim Kandidaten ist eine gute Grundlage für das Vorstellungsgespräch. Über den gemeinsamen Glauben sollte etwas diskutiert werden, denn die Möglichkeit der Nichtübereinstimmung ist wichtig, da trotz höchster beruflicher Fähigkeiten vom Teammitglied verlangt werden kann, seine berufliche Praxis zu modifizieren, und die Bereitschaft, das zu akzeptieren oder nicht, sollte geprüft werden.

Wesentlich ist eine Probezeit im Anschluß an die Anstellung. Eine solche Probezeit sollte von Anfang an als eine für beide Seiten notwendige Phase der Einübung anerkannt werden. Während dieser Zeit muß es regelmäßige Gelegenheiten der Einschätzung zwischen dem neuen Teammitglied und dem Teamleiter geben; und in der Zusammenarbeit des Teams muß es gleich und auf längere Sicht Gelegenheiten zu einer Verbesserung geben, was nicht nur patientenzentriert gemeint ist. Obwohl der Patient und die Familie der Grund für die Existenz des Teams und damit für das Vorhandensein der Einzelpersonen sind, aus denen das Team besteht, ist es wesentlich, daß die Teammitglieder Gelegenheiten haben, direkt miteinander umzugehen, um in diesem Prozeß zu lernen und sich zu entfalten.

Das Team

Wenn Menschen verschiedener Berufe bei einer Aufgabe kooperieren, wird Verantwortung gemeinsam wahrgenommen. Jedes Teammitglied bringt seine eigene berufliche Fähigkeit in die tägliche Arbeit ein – mit all der Zuversicht, die dadurch entsteht. Es werden aber auch berufliche Gewohnheiten und Traditionen vorhanden sein, die korrigiert werden müssen. Jeder Beruf (z. B. der des Arztes, der Krankenschwester, des Sozialarbeiters) hat auch Stereotypen, äußerliche Bilder, die übergestülpt und angemaßt sein können. Jedes Teammitglied kann sich auch mit eigenen vorgefaßten Ideen auseinandersetzen müssen und dann mit dem Team zusammen erarbeiten, wie solche Festlegungen am besten genutzt oder, wenn nötig, überwunden werden können.

Das beinhaltet, nach den beruflichen und persönlichen Fähigkeiten anderer Fachbereiche zu suchen und sie zu verstehen, so, als wären es die eigenen; das bedeutet auch, berufliche Rivalitäten als Faktum zu erkennen, ebenso wie die Versuchung, mit anderen zu konkurrieren – und zu lernen, wie man etwas teilt und wann man etwas anderen übertragen muß. Es ist keineswegs eine naturgegebene Selbstverständlichkeit, großzügig zu sein, bestimmte Gaben oder Fähigkeiten, die jemanden auszeichnen, mit anderen zu teilen; auch ist es nicht leicht, darauf zu verzichten, „derjenige welcher" zu sein, der eine gute Arbeit vollendet. Doch die Symbolkraft und die Effektivität von gemeinsam arbeitenden Berufszweigen, die sogar fähig sind, zeitweise ihren eigenen Rollenbildern zu entsagen, ohne besorgt zu sein, dabei ihr Gesicht zu verlieren, das ist eine der hervorragendsten Stärken des interdisziplinären Arbeitens. Wenn ein Arzt fähig ist, beiseite zu treten für den Sozialarbeiter, und wenn die Krankenschwester weiß, wann es *nicht* nötig ist, nach dem Seelsorger zu rufen, dann zeigen beide, was es heißt: das effektive Zusammenwirken aller vier dieser verschiedenen Berufsgebiete.

Funktionen im Team

In der Praxis kann es sich kein Team erlauben, ohne Leitung zu sein. Es gibt jedoch eine wichtige, wenn auch nicht ganz klare Unterscheidung zwischen dem Leiter und dem Manager in einem interdisziplinären Team. Wenn ein Team auf die Dauer gut funktionieren soll, müssen Entscheidungen getroffen werden. Und das bedeutet, daß jedes Teammitglied wissen muß, wo die jeweiligen Grenzen sind. Außerdem muß klar sein, bei wem eigentlich die Verantwortung liegt, wenn etwas schiefläuft.

Wer Entscheidungen trifft, wird vom eigentlichen Problem abhängen, und das wird jedesmal verschieden ausfallen. In klinischen Entscheidungen z. B. muß der Arzt die endgültige Verantwortung tragen. Mit anderen Worten, wer der Leiter oder die Hauptperson oder einfach der ist, der sich in einer bestimmten Situation am meisten „kümmert", wird von der Art und Beschaffenheit des anstehenden Problems abhängen. Der Rest des Teams wird selbstverständlich für geeignete Diskussionen und Beratungen zur Verfügung stehen.

Gleichzeitig muß ein Manager da sein. Er muß die Kontinuität der Arbeit von Tag zu Tag garantieren, wenn der Arbeitsprozeß nicht nur von einer Krise in die andere geraten soll. Auf einer Hospiz- oder Krankenstation z. B. wird die Stationsschwester und nicht der Arzt der bessere Manager sein, während in einem Treffen mit den Angehörigen wahrscheinlich der Sozialarbeiter der geeignete Leiter sein wird.

Ein Team sollte kontaktfreudig sein und mit anderen Fachkräften Verbindung aufnehmen. Einzelheiten über frühere Untersuchungen von Patienten z. B., ihre medizinischen oder chirurgischen Behandlungen müssen vielleicht geklärt werden. Dazu sollte der Teamarzt mit dem Krankenhausarzt oder Hausarzt Verbindung aufnehmen. Wenn mehr Information über die Pflege eines Patienten gebraucht wird, dann ist diese am einfachsten von der Team-Krankenschwester auf der Station oder von der Gemeinde-Krankenschwester, die den Patienten vorher betreut hat, zu bekommen. Schwierige soziale Probleme, die vielleicht Vertraulichkeit erfordern, werden wahrscheinlich am besten von Sozialarbeiter zu Sozialarbeiter besprochen.

Ein Team muß jederzeit schnell die eventuelle Notwendigkeit erkennen, von außen entsprechende Hilfe zu rufen. Radiotherapeuten, Onkologen, Anästhesisten und Chirurgen haben sogar gegen Ende eines Menschenlebens vielleicht doch noch etwas anzubieten. Wenn die vorhandenen Sozialdienste einer Gemeinde in Anspruch genommen werden, kann der Patient wahrscheinlich länger zu Hause bleiben, und der Familie wird so vielleicht über eine Zeit außergewöhnlicher Belastung hinweggeholfen. Es ist die Aufgabe des allgemeinen Managements, klar zu entscheiden, wer im Team dafür verantwortlich sein sollte, daß solche Kontakte hergestellt und so ein reibungsloser Ablauf gewährleistet wird. Nur auf diese Weise kann alles für den Patienten und seine Familie getan werden.

Ein Team muß ein Gespür für seinen Sinn und Zweck sowie eine Vision haben. Die Kraftquelle hierfür ist oft schwer zu identifizieren. Wo ein gutes Management ein gedeihliches Klima geschaffen hat, ist es jedem im Team möglich, eine Planänderung vorzuschlagen. Jeder kann darauf vertrauen, angehört und respektiert zu werden und anschließend in den jeweiligen individuellen oder kollektiven Handlungen unterstützt zu werden. Ein solches Team wird die Kraft haben, Fehler zuzugeben und die Richtung zu ändern, ohne einen Sündenbock dafür zu suchen. All das wird von einer guten, jedoch flexiblen Organisation abhängen und einer Anerkennung dessen, der im Ernstfall das letzte Wort hat.

Organisation und Kommunikation

Absolut grundlegend und wesentlich für eine gute interdisziplinäre Zusammenarbeit sind: die Anerkennung der Leitung und die Achtung für den jeweiligen Manager.

Entscheidungen müssen nicht nur getroffen, sie müssen auch weitergegeben und dokumentiert werden; außerdem müssen sie nochmals überprüft werden.

Mit Patienten zu arbeiten, die an einer fortgeschrittenen Krankheit leiden, erfordert nicht nur liebevolle Begleitung, sondern auch eine *fachgerechte,* liebevolle Betreuung. Oft müssen Entscheidungen sofort getroffen und auf schnellstem Wege eine Kommunikation hergestellt werden. In der Praxis ist es oft unmöglich, jeden über alles zu informieren. Notwendigerweise ist so die Anzahl der unmittelbar Beteiligten begrenzt. Das bedeutet: die Teammitglieder müssen untereinander Vertrauen entwickelt haben, damit sich niemand ausgeschlossen fühlt.

Gleichzeitig erfordert diese Arbeit unbedingt genügend Zeit und Personal, wenn die Übergabe der Arbeit von Tag zu Tag effektiv sein soll. Die gute Berichterstattung von einer zur anderen Schicht hat Priorität. Zum Beispiel sollte das Personal der Nachtschicht informiert werden, wenn ein Familientreffen am Tag stattgefunden hat; für eine solch wichtige Information ist es am nächsten Tag zu spät. Die beste Gelegenheit, um sich über weniger wichtige Angelegenheiten auszutauschen, ist die wöchentliche interdisziplinäre Teamversammlung. Wenn diese gut geleitet und gemanagt wird, ist das Niveau der Kommunikation erstaunlich hoch. In einer problematischen Situation kann etwa die Physiotherapeutin diejenige sein, die eine notwendige Information gibt. Vielleicht ist das Vertrauen der Physiotherapeutin deshalb zustande gekommen, weil der Arzt eben der Arzt ist, die Krankenschwestern meist zu zweit arbeiten und die Sozialarbeiter keine Dienstkleidung tragen; in der Praxis ist es nämlich die persönliche Begegnung mit einer „professionellen Bezugsperson", die den Patienten zum Reden ermutigt.

Es gibt Richtlinien für interdisziplinäre Treffen, die hilfreich sein können:

- die für solche Treffs passende Kommunikationssprache muß gelernt werden;
- beruflicher Jargon, sogar unter Kollegen, bewirkt das Gegenteil des Gewünschten;
- der Raum sollte wohnlich sein und eine persönliche Atmosphäre haben; er sollte auch die rechten Ausmaße für eine leichte Verständigung aller Beteiligten haben;
- Rufgeräte (Piepser) sollten möglichst nicht mitgebracht werden.

Die Teams werden bei solchen wöchentlichen Zusammenkünften langsam lernen, wie sie in einer bestimmten Situation richtig handeln: Sie werden sich auch Einzelheiten sehr genau anschauen, sie werden den Zeitpunkt von persönlichen Interventionen festlegen, und sie werden Erfolge und Fehlschläge immer wieder auswerten. Dieses interdisziplinäre Zusammenarbeiten sollte genauso sorgfältig bedacht werden wie die Medikamentenplanung.

Mit Fachleuten außerhalb des Teams Kontakt aufzunehmen und sich mit ihnen zu beraten ist eine weitere Kunst. Das Für und Wider einer weiteren, aktiven Behandlung mit einem Onkologen zu diskutieren oder einem praktischen Arzt Hinweise über Medikamente zu geben ist nicht immer einfach. Das wird leichter durch Übung und auch dadurch, daß sie sich gegenseitig besser kennen- und verstehen lernen. Um eine schwierige Situation zu meistern, kann es schon hilfreich sein, sich die Mühe zu machen, die andere Person in ihrer Umgebung zu besuchen oder sie einzuladen, ins Hospiz oder auf die Palliativstation zu kommen.

Wichtige Prioritäten in der Arbeit eines Teams

Visiten auf Station sollten im Wochenprogramm festgelegt sein. Es ist hilfreich, wenn man sich interdisziplinär austauschen kann, *bevor* die Patienten besucht werden. Dabei kann der Manager – gewöhnlich die verantwortliche Krankenschwester – die anderen Disziplinen über die Patienten und ihre Familien auf dem laufenden halten; vor-gewarnt kann vor-gewappnet sein. Mögliche Behandlungsänderungen sollten diskutiert und vorläufige Pläne über das weitere Vorgehen sollten vorgeschlagen werden.

Wer den Besuch am Bett macht, hängt davon ab, wer erreichbar und wer geeignet ist. Drei bis vier Personen können maximal um ein Bett sitzen, ohne bedrückend zu wirken. Bei einem solchen Besuch ist es gewöhnlich der Arzt, der die Führung hat, während die Krankenschwester oder der Sozialarbeiter die Rolle des Patientenfürsprechers übernimmt. Wenn zwei sich miteinander unterhalten, ist es wichtig, daß die anderen die Reaktionen auf beiden Seiten beobachten, um herauszufinden, was wirklich gesagt und verstanden worden ist. Besucher am Bett können in die Unterhaltung einbezogen werden, um Unterlegenheitsgefühle von seiten des Patienten zu vermeiden. Es ist besonders schön, wenn am Ende der Patient oder manchmal ein Familienmitglied die führende Rolle in der Diskussion übernimmt.

Wenn die Visite beendet ist, müssen die Teammitglieder sich die Zeit nehmen, die Ergebnisse und ihre Beobachtungen noch mal gemeinsam zu reflektieren. Geplante Maßnahmen können jetzt bestätigt oder geändert werden. Die Entscheidungen werden dann dokumentiert.

Es ist natürlich auch wichtig, daß Teammitglieder allein die Patienten besuchen, um ihnen Gelegenheit zu einem mehr persönlichen Gespräch oder einer gründlichen körperlichen Untersuchung zu geben. Es ist jedoch wesentlich, daß solche Einzelbesuche dem Personal, das für das weitere Management der Station verantwortlich ist, vollständig berichtet werden.

Hausbesuche müssen oft von einem einzelnen Teammitglied gemacht werden. Wiederum sollten vorher so viele Informationen wie möglich von anderen Beteiligten gesammelt werden. Es ist hilfreich, wenn eine Checkliste der jeweils anstehenden Probleme angelegt wird, mit deren Hilfe dann auch Lösungsvorschläge formuliert werden können. Der Besuch selbst findet in der eigenen Umgebung des Patienten statt, und es ist wichtig, sich daran zu erinnern, daß gutes Benehmen hier genauso wichtig ist wie am Krankenbett. Berichten und dokumentieren ist unbedingt notwendig, wenn vom Team Kontinuität in der Betreuung von einem Besuch zum nächsten beibehalten und Kontakte mit den weiteren, interdisziplinären Sozialdiensten aufgenommen und gestärkt werden sollen.

Familientreffen werden von den Teammitgliedern manchmal mit etwas Angst erwartet. Besonders Ärzte haben oft wenig Erfahrung, einer verärgerten Familie gegenüberzutreten. Oft schützen sie sich davor mit einem weißen Mantel oder einem großen Schreibtisch.

Ein kurzes Teamtreffen ist zur Vorbereitung wichtig. Sowohl die Stärken als auch die Schwächen der Familie sollten aufgeführt werden. Die Ziele des Treffens können festgelegt und eine vorläufige Tages- und Sitzordnung vorgeschlagen werden. Wenn das Familienanliegen in erster Linie ein medizinisches ist, wird der Arzt die Initiative ergreifen. Ein andermal wird der Sozialarbeiter oder jenes Teammitglied, das der Familie am nächsten steht, den Anfang machen. Häufig übernimmt jedoch bald ein Familienmitglied die Gesprächsführung der ganzen Gruppe. Es ist oft die jüngste Person, die die Fragen stellt, da sonst niemand den Mut zum Sprechen hat.

Der interdisziplinäre Teamzugang ist hier offensichtlich *sehr* wichtig. Die Familie sieht, wie weit die Sorge des Teams für ihre Bedürfnisse geht; gleichzeitig erlebt sie ein Arbeitsmodell, in dem verschiedene Leute zusammenzuarbeiten versuchen, so wie es auch für ihre eigene Situation gut wäre.

Von solchen Treffen ein Protokoll zu schreiben und gleichzeitig Vertraulichkeit zu wahren kann schwierig sein. Es ist jedoch für die weitere Betreuung der Familie wichtig, daß auch nicht anwesende Teammitglieder über alle wichtigen Fragen gut informiert werden.

Aufnahmebesuche erfordern eine besondere Befähigung. Man muß wirklich Erfahrung haben über den möglichen Krankheitsverlauf und die Probleme der Krankheit. Man muß sich auch über die aktuellen Stärken und Schwächen des Teams und der Institution, die man vertritt, im klaren sein. Es ist unverantwortlich, einen Patienten und seine Familie zur Betreuung anzunehmen, wenn das Team zu ausreichender Hilfe, aus welchem Grund auch immer, nicht in der Lage ist.

Gegenseitiges *Berichten und Vertraulichkeit* gehören ebenfalls zur Teamarbeit im Hospiz: Wenn das interdisziplinäre Team einigermaßen reibungslos funktionieren soll, dann müssen Berichte, Dokumentation und Übergabe effizient durchgeführt werden. Es ist nicht immer leicht zu unterscheiden: Was ist für andere wichtig, und was ist Routine und belanglos? Für vertrauliche Dinge gilt: Nicht jeder muß alles wissen. Tatsächlich muß niemand mehr wissen als das, was er braucht, um seine eigene Aufgabe in der Patientenbetreuung ausführen zu können. Wenn ein Patient einem Teammitglied persönliche Anliegen aufbürden will, kann es sehr hilfreich sein, ungefähr so zu antworten: „Danke, daß Sie mir eine so wichtige und schwierige Sache mitteilen. Ist es Ihnen recht, wenn ich mit anderen Teammitgliedern darüber spreche?" Fast immer wird die betreffende Person zustimmen und sich freuen, der Mittelpunkt solchen Interesses zu sein.

Lehren und Unterrichten sollten eine wichtige Funktion des interdisziplinären Teams sein. Manchmal wird das als unerwünschte, schwere Last empfunden. Aber es kann auch stimulierend wirken und ein ausgezeichnetes Mittel gegen Gefühle der Ermüdung und des Ausgebranntseins sein. Andere Leute über bestehende Möglichkeiten und darüber zu unterrichten, wie das Team und seine individuellen Mitglieder am besten in Anspruch genommen werden, ist doch sehr sinnvoll. Erfahrung wird helfen, ihnen dann zu zeigen, wann das Können des Teams wirklich in Anspruch genommen werden sollte, wann Hilferufe ganz unnötig sind und wann einfach nur eine Rückendeckung des Teams gebraucht wird.

Wer Nicht-Team-Mitgliedern geeignete Sachkenntnisse über Hospiz und palliative Betreuung vermitteln wird, kann das erfolgreich nur tun, wenn er ihnen auch genügend Vertrauen schenkt, daß sie ihre Rollen annehmen können. Nichts stärkt Vertrauen erfolgreicher als angemessenes Lob. Nichts ist destruktiver als öffentliche Kritik.

Fragen, denen man sich stellen muß

Für ein Team, das sich weiterentwickeln will, wird es immer noch weitere Fragen geben, denen es sich stellt:

- Was macht die Leute müde? Wirklicher Arbeitsdruck, schlechte Gesundheit, persönliche Probleme, Gefechte mit der Verwaltung, Schwierigkeiten in der Kommunikation untereinander, unrealistische Erwartungen sind einige Faktoren, die ein müdes Team – oder ein Team mit einem müden Teammitglied – sinnvollerweise aufgreifen und prüfen sollte.
- Wie nimmt ein Team ein neues Mitglied an? Ganz bestimmt kostet es Mühe, und es muß daran gearbeitet werden. Die Bereitschaft, Platz für einen Neuling zu machen, kann zu einer

wertvollen Bereicherung für das Team werden, auch wenn er zunächst als ein Eindringling empfunden wurde.

- Wie geht ein Team mit Personalmangel um, wenn ein Berg an Arbeit da ist, die getan werden muß? Es ist außerordentlich schwer, das Niveau zu senken oder zu pfuschen. Es kann sein, daß die Wirklichkeit gar keine andere Wahl läßt, als Arbeit auch liegenzulassen oder, bei Notfällen, einfach schneller zu arbeiten.

Zusammenfassung

Das interdisziplinäre Team muß lernen, über den eigenen Tellerrand hinauszusehen und zu erkennen, wann und wie es die verschiedenen Disziplinen mit einbeziehen soll. Beschäftigungstherapie und andere wichtige Therapien, ehrenamtliche Helfer, Verwaltungspersonal, alle haben unbedingt notwendige Rollen zu spielen. Oft wird zuviel allgemein geredet über ihre wichtige, unterstützende Mitgliedschaft im Team, während in der Praxis nicht genug Sorge getragen wird, ihre besonderen Funktionen genau zu definieren und sie entsprechend mit einzubeziehen.

Wer im Team arbeitet, kommt nicht aus der Übung: Dies gilt für das Lernen und Betreuen, für das Zusammenarbeiten, Lehren und Loben. Nur bei ausreichendem beruflichem Können jedes einzelnen, nur wenn viel Verständnis füreinander und Vertrauen untereinander auch in den verschiedenen Berufen da ist, schafft dies genügend Raum zur eigenen, freien Entscheidungsfindung. Nur so kann diese Art von Zusammenarbeit gelingen. Ein solches Risiko auf sich zu nehmen, das kann nur funktionieren, wenn das Team beruflich gut und solide fundiert ist. Sind diese Voraussetzungen gegeben, kann das auch bei anscheinend unüberwindlichen Problemen zu guten Lösungen und zu wirklicher Kreativität führen.

Teamarbeit ist eher unordentlich als ordentlich – wie das richtige Leben. Ehrliches Überprüfen des Arbeitsprozesses durch das Team resultiert jedoch gewöhnlich nicht in Niedergeschlagenheit und Mutlosigkeit, sondern in einem befriedigenden Gefühl, daß man seine Sache gut gemacht hat. Weil es eben nicht möglich ist, neue Verpflichtungen anzunehmen, wenn es noch zu viel angefangene Arbeit gibt, ist die Zeit gut genutzt, wenn das Team seine erzielten Erfolge bestätigt und die noch unvollständigen Arbeiten zum Abschluß bringt.

Zum Schluß muß noch gesagt werden, daß entsprechendes Lob und Anerkennung nicht unterschätzt werden dürfen. Sie liegen in Bemerkungen wie diesen: „Guten Morgen", „Dankeschön" und gelegentlich „Es tut mir leid, ich habe mich geirrt". Ein guter Umgang miteinander hilft einem Team, durch Zeiten von Mißverständnissen hindurchzukommen und Krisensituationen erfolgreich zu bestehen. Gerade in solchen Situationen, in denen nichts mehr sicher ist, wird oft Unmögliches möglich.

2
TEAM-AUFBAU

von Linda Jackson

Das isolierte Vor-sich-hin-Arbeiten der einzelnen im Gesundheitsbereich tätigen Personen ist den komplexen Anforderungen von palliativer Betreuung einfach nicht gewachsen. Es wird davon ausgegangen, daß das Wesentliche der Hospizbetreuung die Teamarbeit ist (Manning 1984). Teams funktionieren jedoch nicht unbedingt durch ihre bloße Existenz. Wenn man eine Gruppe von verschiedenen Menschen zusammenwürfelt und sie ein Team nennt, so heißt das noch längst nicht, daß die Beteiligten effektiv zusammenarbeiten. Ein Team ist kein statisches Gebilde – und Teamarbeit ist ein anhaltender Prozeß. Hier geht es deshalb darum, das Wesen und die Charakteristika eines erfolgreichen Teams zu definieren und Vorschläge zu machen, wie Teamaufbau und -aufrechterhaltung ermöglicht werden können. Da ich Krankenschwester auf einer Station bin, werde ich von meinen Erfahrungen aus diesem Bereich berichten. Die Prinzipien können jedoch für jede Gruppe von Personen gelten, die versuchen, auf irgendeinem Gebiet zusammenzuarbeiten.

Eigenschaften des erfolgreich arbeitenden Teams

Ein Team ist eine Gruppe von Leuten mit der gemeinsamen Absicht zusammenzuarbeiten. Um als Team und nicht als eine Zahl von Einzelpersonen zu arbeiten, ist Team-*Geist* notwendig, die Bereitschaft, eher für das Wohl der Gruppe als für sich selbst tätig zu sein. Dieser Teamgeist erzeugt die Teamarbeit, in der sich in der gemeinschaftlichen Anstrengung die Kunst der Zusammenarbeit zeigt. Es ist unumgänglich, die Eigenschaften eines erfolgreichen Teams zur Diskussion zu stellen, um zu verstehen, was aufgebaut und aufrechterhalten werden soll. Vier Hauptelemente scheint es in einem gut funktionierenden Team zu geben:

- die Zielsetzung der Gruppe,
- Rollendefinitionen und Aufgabenverteilung,
- Kommunikation,
- Führung.

Der/die Teamleiter/in sorgt für die nötige Umgebung, in der sich ein Team bilden kann. Aus diesem Grund ist der/die Teamleiter/in für ein erfolgreiches Team unabdingbar. Das wird in dem Abschnitt „Das Team aufrechterhalten" noch deutlicher werden.

In einem gut funktionierenden Team sollte jedes Teammitglied das gemeinsame Ziel akzeptieren und seine besondere Rolle und seinen Beitrag zur Ausführung und Verwirklichung des Zieles kennen. Denn keine Einzelperson besitzt all die notwendigen Fachkenntnisse für die aktuelle Aufgabe, die Patienten und ihre Familie zu betreuen. Und so fühlt sich das Team zum Wohl der Patienten dazu verpflichtet, Verantwortung zu teilen und Können weiterzugeben. Teamarbeit ist grundsätzlich Partnerschaft von Gleichgestellten. Natürlich kann aber ein Patient zu einem bestimmten Zeitpunkt ein ganz wichtiges Bedürfnis haben, das einer Person aus dem Team den Vorrang geben kann. Jedes Teammitglied ist in seiner beruflichen Fähigkeit kompetent und ist über die berufliche Rolle und die Aufgaben der anderen Mitglieder orientiert und achtet ihren fachlichen Beitrag. Mitgliedschaft in einem Team ist dynamisch, es können Rollen gewechselt werden, und sie können sich in einer sich ändernden Situation auch weiterentwickeln und verbessern. Ein gutes Team hat Mitglieder, die fähig sind, in ihrer Flexibilität und Anpassungsfähigkeit Reife zu zeigen; sie erkennen ihren eigenen Verantwortungsbereich, sind aber gleichzeitig auch aufmerksam für darüber hinausgehende Bedürfnisse des Patienten. Klare Definitionen über Zielsetzung und Rollenverteilung innerhalb des Teams sind wesentlich.

Die Stärke von interdisziplinären Teams liegt in der Vielfalt der Begabungen, die nutzbar gemacht werden können; ihre Schwierigkeiten liegen in der Notwendigkeit der Koordination (Zimmerman 1981). Für das reibungslose Funktionieren eines Teams ist es wesentlich, sich ständig abzustimmen. Das erfordert sowohl gute Kommunikation als auch eine gute Führung. Ohne klare kommunikative Strukturen ist Zusammenarbeit unmöglich. Mangelnde Kommunikation in einem Team wirkt wie ein arteriosklerotischer Kreislauf: Die Leistungsfähigkeit eines Teams fällt ab, und schließlich kommt es zu seinem vorzeitigen Tod. Gute Kommunikation ist charakterisiert durch Offenheit, Ehrlichkeit (verbunden mit Taktgefühl), Sensibilität für die Bedürfnisse anderer und gegenseitiges Vertrauen, das befähigt, sowohl Verletzlichkeit als auch Stärke miteinander zu teilen. In einem gut funktionierenden Team gibt es ungezwungene Kommunikation in der vertikalen Ebene – dem Geben und Empfangen von Anordnungen – sowie in der horizontalen – unter Teammitgliedern.

Ein gutes Team ist auf Gleichheit ausgerichtet: Es vermeidet Cliquenbildung, schließt alle seine Mitglieder ein, heißt neue Mitglieder willkommen und pflegt das Zugehörigkeitsgefühl. Ein Team, das überleben will, schafft und erhält ein Klima, in dem sich die Mitglieder gegenseitig bei der Bewältigung des Stresses unterstützen.

Team-Aufbau

Wie erreicht man nun diesen utopischen Zustand? Es gibt kein Lehrbuch über Team-Aufbau, keine Anleitung zum Selbermachen, die das gewünschte Ergebnis garantiert. Ein Team besteht ja aus den verschiedensten Individuen, die alle verschieden auf ihre Umgebung reagieren. Das bedeutet, daß jedes Team verschieden sein wird und daß es einfach kein sicheres Rezept gibt. Daher ist das Folgende nicht als Dogma zu verstehen, sondern es sind einige – hoffentlich brauchbare – Richtlinien. Der Team-Aufbau enthält zwei verschiedene Aspekte: die Bildung eines Teams und die Aufrechterhaltung eines Teams.

1. Ein Team bilden

Es gibt zwei wichtige Bereiche, die bei der Teamgründung in Betracht gezogen werden müssen: die Philosophie oder die Leitsätze, auf die sich dann alle berufen, und die Personenauswahl.

Team-Philosophie

Ein Team fängt als eine Gruppe von Individuen an und braucht für die Betreuung eine gemeinsame Basis, um darauf aufzubauen. Es ist sinnvoll, Leitsätze zu formulieren. Das ist meistens eine kurze und genaue Erklärung über die Haltungen, Überzeugungen und Werte, die für wesentlich gehalten werden. Wenn es darum geht, ein Team zu bilden, kann eine Philosophie der Betreuung eine richtungweisende Arbeitsanleitung sein. Die einzelnen bringen ihre eigenen Vorstellungen und Überzeugungen von ihrer Arbeit mit. Ohne die Verpflichtung zu einer bestimmten Team-Philosophie blieben die einzelnen orientierungslos. Das unvermeidliche Ergebnis wäre Disharmonie. Wenn von Anfang an die Prinzipien klar dargelegt werden, dann kann man sicher sein, daß auch die später Hinzukommenden sich reibungslos einfügen können und entsprechend den Prinzipien arbeiten werden. Eine solche Philosophie sollte die begriffliche Grundlage für die praktische Arbeit der Begleitung sein.

Auswahl der Mitarbeiter/innen

Der Leiter oder die Leiterin des Teams ist immer abhängig von der Bereitschaft und Motivation des Teams, einen reibungslosen Ablauf zu gewährleisten. Im idealen Team wird es eine zueinander passende Mischung von Persönlichkeiten und Fähigkeiten geben; in der Wirklichkeit jedoch werden sich Teammitglieder unterschiedlich stark engagieren, und es wird „schwierige" und „unbeliebte" Teammitglieder geben. Deshalb ist die Auswahl der Mitarbeiter/innen beim Aufbau eines Teams wichtig. Die Qualitäten eines potentiellen Teammitglieds schließen berufliche Kompetenz ein, die eine feste Grundlage bietet für den gegenseitigen Respekt untereinander, sowie eine gute Kommunikationsfähigkeit. Eine effektive Kommunikation setzt voraus, daß die Mitglieder fähig sind, sowohl zuzuhören als auch zu sprechen. Kommunikation ist für das Funktionieren des Teams lebenswichtig, und wenn Teammitglieder Kommunikationsschwierigkeiten haben, dann sind von Anfang an Probleme vorauszusehen. Ein gutes Teammitglied hat guten zwischenmenschlichen Kontakt zu den Kollegen, ist sensibel für ihre Bedürfnisse und weit über die eigenen Interessen hinaus engagiert. Es ist flexibel und anpassungsfähig – wenn jemand starr und unbeweglich ist, so kann es die Dynamik des ganzen Teams hindern. Das gilt besonders bei der Betreuung von Todkranken, wo schnell wechselnde Situationen manchmal einen Rollenwechsel erfordern. Eine reife Persönlichkeit ist bereit, anderen gegenüber offen zu sein und ihnen zu erlauben, in eine Situation einzugreifen und – wenn nötig – sie zu übernehmen. Auf diese Eigenschaften sollte in Bewerbungsschreiben und Vorstellungsgesprächen geachtet werden. Der Prozeß der Personalauswahl kann auch durch eine Probezeit erleichtert werden. Beide Seiten können während dieser Zeit die Eignung eines Bewerbers bis zur formellen, endgültigen Anstellung prüfen.

2. Das Team aufrechterhalten

Es ist unrealistisch anzunehmen, daß ein einmal gebildetes Team einfach so lebendig und erfolgreich weiterbesteht. So wie ein Gebäude instand gehalten werden muß, muß auch bei einem Team andauernd etwas getan werden, damit es weiterhin effektiv funktioniert und als Team weiterbesteht. Engagement in einem Team bedeutet, daß sich jedes Mitglied persönlich dafür einsetzt, daß das ganze Team sich weiterentwickelt. Das erfordert Anstrengung. Die vier eben genannten Gesichtspunkte sind auch für die Aufrechterhaltung eines Teams wichtig.

Zielsetzung der Gruppe
Jedes Teammitglied sollte Bescheid wissen über die Zielsetzung des Teams, welche Richtung es einschlägt und nach welchen Leitsätzen es arbeitet. Dazu sollte die Philosophie schriftlich fixiert und den neuen Teammitgliedern in die Hand gegeben werden.

Den anderen sollten sie immer wieder einmal ins Gedächtnis gerufen werden. Auf der Basis solcher schriftlich vorliegenden Leitsätze kann die grundsätzliche Richtung in einer offenen Diskussion und einer ständigen Überprüfung beibehalten werden. Wenn sich die Zusammensetzung eines Teams ändert, dann kann sich auch das Verhältnis zur Teamphilosophie ändern. So ist es hilfreich, solche Anliegen regelmäßig zu diskutieren, und das Team zu bitten, das Erreichte auszuwerten und – wenn nötig – seine Ziele neu zu definieren. Ein Team ist dynamisch. Es muß sich ständig weiterentwickeln, denn nur so kann es auf die wechselnden Ansprüche in der palliativen Betreuung antworten. Ein Team, das nicht mehr weiß, worauf es hinaus will, und nur ein verschwommenes Ziel vor Augen hat, kann Unsicherheit und Unzufriedenheit verursachen. Es ist jedoch entscheidend, daß die Ziele klar und realistisch sind.

Rollendefinition und Aufgabenverteilung

So wie es bei der Teambildung unbedingt notwendig ist, eine klare Rollendefinition festzulegen, so sollte eine regelmäßige, weiterführende Diskussion weiterhin die Rolle der einzelnen im Team klären. Es ist sinnvoll, die Mitglieder immer wieder einmal zu bitten, ihre eigene Rolle zu definieren. Dies sollte dann mit dem Teamleiter oder der -leiterin und den anderen Teammitgliedern besprochen werden. Diskussionen über die Rolle des anderen innerhalb eines Teams ermöglichen es, daß gegenseitige Erwartungen geäußert werden, wodurch die Aufgabenstellung des einzelnen Teammitglieds vielleicht erweitert werden kann.

Kommunikation

Effektive Kommunikation im Team zu ermöglichen ist lebenswichtig für seinen Erfolg. Erfahrungsgemäß ist es am allerwichtigsten, zunächst einmal den Zeitrahmen festzulegen, der für die Kommunikation reserviert ist. In der palliativen Betreuung sind die Anforderungen an das Personal enorm groß, und es ist allzu leicht, einfach zu beschäftigt zu sein, um eine Pause zu machen und sich sinnvoll auszutauschen. Kommunikation kann zwischen zwei Personen oder in der ganzen Gruppe stattfinden; beides ist wichtig für das Leben des Teams. Ein Gespräch zwischen zwei Mitgliedern ist leichter zu vereinbaren, doch ist darauf zu achten, daß dabei nicht der nötige private Freiraum (Pausen etc.) verletzt wird. Eine feste Zeit für Team-Sitzungen ist lebensnotwendig für das ganze Team. Das betont die Wichtigkeit der Kommunikation und vermindert die Schuldgefühle wegen der in Sitzungen verbrachten Zeit. Die Team-Sitzung ist der ideale Ort, um Informationen, die die Arbeit betreffen, auszutauschen, neue Ideen mitzuteilen, schwierige Probleme zu diskutieren, sich gegenseitig zu unterstützen und die Leistung des Teams gemeinsam auszuwerten.

Aus unserer Erfahrung heraus ist es nützlich, daß sich das Team einmal in der Woche trifft. Das Treffen findet regelmäßig zu einer festen Zeit statt, die Dauer ist festgelegt, so daß die Teilnehmer/innen ihren Zeitplan entsprechend einteilen können. Es ist wichtig, daß das ganze Personal teilnehmen darf. Diese Team-Sitzungen sind nicht ausschließlich dazu da, über Patienten zu diskutieren. Sie bieten auch eine ideale Gelegenheit, Können, Erfahrungen und auch Fehlschläge auszutauschen. Es muß einen Vorsitzenden geben – nicht unbedingt der Teamleiter –, der am Anfang der Versammlung die Dauer und das Ziel des Treffens festlegt und der dafür sorgt, daß diese Tagesordnung und die vorgegebene Zeit auch eingehalten werden.

Dem Zweck solcher Treffen ist am besten gedient, wenn sich jeder sicher genug fühlt, etwas beizutragen. Wie erreicht man diese Sicherheit? Eine Gruppe von Leuten kann in einem Raum sitzen und reden, ohne daß das in irgendeiner Hinsicht Kommunikation wäre. Kommunikation findet auf mehr als einer Ebene statt. Es geht nicht nur um den Austausch von Informationen über die Arbeit. Die meisten Probleme und emotionalen Fragen, die auftauchen, wenn man einen sterbenden Patienten und seine Familie betreut, müssen im Team besprochen werden. Es ist wichtig, die Gefühle von einzelnen ernst zu nehmen. Darüber diskutieren zu dürfen hilft der Gesundheit der einzelnen wie auch des gesamten Teams. Damit jedoch gute Kommunikation auf diesem Gebiet stattfinden kann, muß jeder lernen, wirklich offen zu sein. Damit das gelingt, müssen die einzelnen im Team sich sicher und anerkannt fühlen. Solch notwendiges Selbstwertgefühl kann durch Lob und ständige „Rückmeldungen" angeregt werden.

In einem Team, in dem jedes Mitglied sich als Experte auf seinem Gebiet fühlt, kann es sehr bedrohlich sein, über persönliche Gefühle zu sprechen. Dazu wird eine Atmosphäre gebraucht, in der es kein Versteckspiel gibt, in der sich die Personen ernst genommen fühlen. Für ein Team ist es lebenswichtig, zugeben zu können: „Ich finde diese Situation sehr schwierig" oder „Ich weiß einfach nicht, was ich zu Herrn X. sagen soll". Teammitglieder müssen sich wohl fühlen können unter ihren Kollegen und sich respektiert wissen. Ein gutes Team kann sowohl die Schwächen als auch die Stärken eines jeden Mitgliedes annehmen, wenn sich alle der eigenen Fehler und Grenzen bewußt sind und wenn alle bereit sind, von den anderen zu lernen.

Die entscheidenden Informationen müssen zur rechten Zeit empfangen werden und nicht „zufällig" durch Flüsterpropaganda zu Ohren kommen. Die Kommunikation in Krankenschwestern-Teams findet regelmäßig beim Schichtwechsel statt. Auch hier sollte die Kommunikation effektiv sein, denn allzuoft werden unwichtige Informationen weitergegeben. Zu versuchen, die Mitteilungen auf Wichtiges zu beschränken, kann Zeit sparen helfen, die mit müßigen Fragen verschwendet worden ist, wie z. B., ob Herr X. gebadet oder nur gewaschen wurde. Die genommene Zeit sollte dann für wichtige Diskussionen und die nötige Unterstützung des Personals genutzt werden.

Teamleitung

Der/die Teamleiter/in spielt eine entscheidende Rolle auf allen Gebieten des Teamaufbaus.

Der/die Teamleiter/in hat sozusagen die Bedeutung eines „Hinweisschildes", das unübersehbar und richtungweisend ist. Die leitende Person ist jedoch nicht der endgültige und einzige Informationsträger, sondern sie weiß, *wer* in ihrem Team zur gegebenen Zeit am besten informieren kann. Er/sie ist sich bewußt, was das Team jeweils tut. Er/sie sorgt dafür, daß alle ihren eigenen Beitrag leisten, und nimmt sich selbst eher zurück. Ein grundlegender Irrtum eines Leiters, einer Leiterin, ist es, zu glauben, er/sie sollte alles wissen: Seine/ihre Kenntnisse müssen jedoch vernünftig und respektabel sein, und er/sie muß fähig sein, sie an andere zu vermitteln. Dieses Wissen ist eine Grundlage, auf die das Selbstvertrauen einer leitenden Persönlichkeit aufgebaut ist.

Der/die Leiter/in muß ehrlich zu sich selbst sein, nur dann können es auch die anderen Teammitglieder sein. Man kann sich einen Führungsstil aneignen, aber man muß sich dabei wohl fühlen. Es mag sinnvoll sein, die verschiedenen Führungsmethoden zu kennen, aber die beste ist, dem Team seine Eigeninitiative zu lassen. Das fördert die Motivation und die Entwicklung der Mitarbeiter/innen. Das Vertrauen ins Team setzt auch voraus, daß alle, auch der/die Leiter/in, Fehler machen dürfen. Eine gesunde Mischung im Führungsstil könnte in vorwiegend demokratischen Elementen bestehen, von Zeit zu Zeit sogar im „laisser-faire". Doch in bestimmten Entscheidungssituationen wird er autoritär sein müssen. Die Mitarbeiter/innen müssen wissen, wer verantwortlich ist und welcher Führungsstil herrscht; das darf sich nicht einfach mit den Launen des Leiters, der Leiterin, ändern.

Wenn das Team erlahmt – was unvermeidlich sein wird –, muß der/die Leiter/in wissen, wie er/sie es wieder motivieren kann. Motivation kann durch Lob und „Rückmeldungen" (realistische und klare Bewertungen und faire und konstruktive Kritik) gesteigert werden und indem man den Mitarbeitern/innen Zeit widmet. Jemandem Zeit zu widmen kann bedeuten: „Ich schätze dich und erkenne deinen Beitrag an."

Die Mitarbeiter/innen müssen sich angenommen und geschätzt wissen, ehe sie anfangen können, sich selbst und einander zu trauen. Der/die Leiter/in sollte gute Organisationsfähigkeiten haben, und er/sie sollte das Selbstvertrauen haben, das Können, die Beiträge und den Wert jedes einzelnen zu erkennen, ohne sich selbst dabei bedroht zu fühlen. Auch die Teammitglieder werden dann dazu ermutigt, einander anzuerkennen. Auch durch Enthusiasmus, der ja wie Desinteresse ansteckend ist, kann die Motivation gesteigert werden. Es muß manchmal jedoch auch akzeptiert werden, daß die Motivation gering und das Team auf einem Tiefpunkt sein kann.

Im Leben eines Teams muß der/die Leiter/in Höhen und Tiefen zulassen. Sie sind ganz natürlich, und sie treten verstärkt hervor, wenn Sterben und Tod ein tägliches Ereignis sind. Man muß akzeptieren, daß ein Team mehr oder weniger stark emotional geladen sein kann. Man sollte dann das Team dazu anregen, zwischendurch einmal eine gemeinsame Pause einzulegen. Eine Tasse Tee oder ein Glas Sherry für die ganze Runde helfen ein gutes Stück weiter, wieder ein Gemeinschaftsgefühl hervorzurufen. Wenn der/die Leiter/in Zeit dafür aufbringt, gibt es den Teammitgliedern das Gefühl, als menschliche Wesen wahrgenommen und geschätzt zu werden, und sie können entspannen. Um gut leiten zu können, braucht man also im Zeitplan Lücken: Zeit zum Sich-Mitteilen – Mit-teilen von Informationen, von Wissen, von Problemen und Ideen. Nicht die Quantität dieser Zeit ist wichtig, sondern ihre Qualität.

Der/die Teamleiter/in muß sich darüber klar sein, was das Team will und wie es zu arbeiten wünscht. Und es sollte Zeit vorhanden sein, so etwas zu diskutieren. Wer ein Team leitet, ist auch dafür verantwortlich, daß alle Beteiligten wissen, was von ihnen erwartet wird: Sie müssen die Grenzen ihrer Rollen kennen, also den Rahmen, in dem sie arbeiten können, und sie müssen sicher sein, daß sie innerhalb dieser Grenzen verantwortlich handeln dürfen. Die einzelnen Mitglieder des Teams brauchen eine gewisse Ordnung und Identität genauso wie das Team als Ganzes.

Der/die Leiter/in muß mit den Ressourcen sinnvoll umgehen. Nach Vaughan und Pillmoor (1989) ist es sinnvoll, dazu die verschiedenen Arbeitsaufgaben zu unterscheiden. So können sie einem passenden Teammitglied, das gerade verfügbar und frei ist, zugeteilt werden. Sowohl der/die Leiter/in als auch jedes Teammitglied muß seine Vorstellung von seiner Rolle und seinen Aufgaben in die Praxis umsetzen. Das kann die Kooperation fördern und die Arbeitsverteilung im Team transparent machen.

Teamleitend ist die Person, die sich um das Gesamte kümmert. Sie übernimmt Verantwortung für das, was im Team geschieht. Probleme lösen sich selten von selbst; wenn sie sich selbst überlassen bleiben, werden sie nur größer und entwickeln Ableger. Wenn nicht frühzeitig – manchmal schmerzlich – eingegriffen wird, kann das Problem wuchern. Die Mitarbeiter/innen werden sich im Endeffekt verunsichert und vielleicht verärgert fühlen, und der/die Leiter/in äußerst hilflos und als totaler Versager. Das heißt nicht, daß der/die Leiter/in auf alles eine Antwort haben muß, aber es muß ihm/ihr ein Anliegen sein, dem Team die Zuversicht zu vermitteln, daß es im Kampf mit dem Problem nicht allein gelassen ist; der/die Leiter/in wird zuhören, sich damit auseinandersetzen und entsprechend eingreifen. Er/sie muß mit solchen Problemen produktiv umgehen, damit sie sich nicht festsetzen.

Einige Verhaltensregeln für Verantwortliche

In leitender Stellung steht man auf einsamem Posten. Um zu überlegen, effektiv zu bleiben und seine Aufgabe gern zu tun, ist es wichtig, auf sich selbst zu achten. Man braucht Raum für sich selbst und muß auch „nein" sagen können, ohne sich schuldig zu fühlen. Zur Verfügung zu stehen heißt vernünftigerweise, daß auch jeder weiß, wenn man *nicht* erreichbar ist. Effektive Leitung schließt eine kluge Zeiteinteilung ein. Das bedeutet auch, Verantwortung zu delegieren und pünktlich mit der Arbeit aufzuhören. Überstunden können schnell zur Gewohnheit werden und sollten vermieden werden. Sie sind kein gutes Beispiel für die Mitarbeiter/innen und können als ein Mangel an Vertrauen ausgelegt werden, indem sie sich ständig kontrolliert fühlen. Vertrauen in die Mitarbeiter/innen nützt auch dem/der Leiter/in, denn so werden die Entwicklung und Kompetenz des Personals gefördert. Die meisten Leute reagieren positiv auf Vertrauen, und die gute Beziehung zwischen Leiter/in und Personal ist hilfreich für alle.

Der/die Leiter/in muß nicht unfehlbar sein. Dem Team mitteilen, was man nicht weiß, und Fehler zugeben, z. B. den Wink eines Patienten aus Müdigkeit ignoriert zu haben, kann gewinnend oder sogar ermutigend sein. Vorausgesetzt, es kommt nicht regelmäßig vor und ist kein Zeichen für eine allgemeine Inkompetenz, so läßt sich dann daraus schließen, daß man unter diesem/dieser Leiter/in nicht vollkommen sein muß. Auch der/die Leiter/in kann so entspannen und braucht sich nicht ständig zu produzieren oder sich in der Defensive zu fühlen.

Die unmittelbar vorgesetzte Person des Leiters bzw. der Leiterin spielt eine entscheidende Rolle. Sie sollte unterstützend eingreifen, indem sie die Arbeit wertet und die Beiträge anerkennt und die Bedürfnisse unterstützt. Auch hier ist es wichtig, sich in regelmäßigen Abständen Ideen mitzuteilen und einander auf den neuesten Stand zu bringen. Ferner kann eine Stunde pro Woche unter Kollegen, die die gleiche Aufgabe haben, sinnvoll sein; denn das sind die einzigen Personen, die sowohl den Streß und die Frustration als auch den Lohn und die Befriedigung der Arbeit verstehen. Diese gemeinsame Zeit kann benutzt werden, um bei den Kollegen abzuladen und voneinander zu lernen.

Die Kunst zu delegieren kann der Schlüssel zum Überleben sein. Der/die Leiter/in sollte nicht zögern, die Ressourcen des Teams zu nutzen. Wenn er/sie alles selbst macht, wird man ihn/sie gewähren lassen, weil alle denken, daß er/sie es so haben will. Das wird nicht nur erschöpfend wirken, sondern hindert auch die Entwicklung der Teammitglieder. Wenn allerdings Delegieren der Schlüssel zum Überleben ist, dann ist aber der Hauptschlüssel, sich einen gewissen Sinn für den Humor zu bewahren.

Zusammenfassung

Es gibt keine allgemeingültigen Regeln für den Aufbau eines Teams. Die Dynamik innerhalb des Teams und die Individualität seiner Mitglieder setzen voraus, daß ein Team wirklich *aufgebaut* werden muß; und das erfordert Ausdauer und ständige Anstrengung. Um jedoch das breite Spektrum von Fragen und Problemen in palliativer Betreuung (physisch, emotional, sozial und spirituell) professionell anzugehen, muß die Betreuung von einem interdisziplinären Team durchgeführt werden. Das Ergebnis eines guten Arbeitsteams ist mehr als die Summe seiner Mitglieder, und das hilft, eine optimale therapeutische Umgebung zu schaffen.

Dank
Dem Interdisziplinären Team der Nuffield-Krankenstation und im besonderen Jayne Sutcliffe sei für ihren wertvollen Beitrag gedankt.

3
DEM TOTALEN SCHMERZ BEGEGNEN

von Mary Baines

Schmerz ist eine universale und unangenehme menschliche Erfahrung. Eine genaue Definition ist ganz und gar nicht leicht; die einfachste und brauchbarste ist: „Schmerz ist, was nach Aussage des Patienten ihm weh tut" (IASP Unterkomitee 1980).

Der schnelle Schluß, daß die Stärke des Schmerzes proportional zum Ausmaß der Verletzung läuft, widerspricht sowohl persönlicher Erfahrung als auch der klinischen Praxis. Ein kleiner Junge z. B. kann sich während des Fußballspielens ein Bein brechen und es kaum erwähnen. Wenn zwei Patienten unter ungefähr gleich starker Arthritis leiden, so kann sie den einen Patienten anscheinend zum Krüppel machen, während der andere sie mit einem aktiven Leben vereinbart. Solche allgemein bekannten Beispiele zeigen deutlich, daß Schmerz subjektiv ist. Er umschließt sowohl das geschädigte Gewebe als auch die emotionalen Faktoren. Schmerz ist eine körperlich-seelische (somato-psychische) Erfahrung.

Wenn psychologische Faktoren schon die Schmerzempfindung beim akuten Verletzungsschmerz oder beim chronischen, aber „gutartigen" Arthritisschmerz verändern, ist damit zu rechnen, daß bei dem Schmerz, der durch fortgeschrittenen Krebs verursacht wird, sie eine noch größere Rolle spielen. Cicely Saunders prägte Ende der sechziger Jahre erstmals den Ausdruck „totaler Schmerz", um diese Komplexität des Schmerzes bei Krebspatienten, mit denen sie arbeitete, hervorzuheben (Saunders 1967). Sie beschreibt, daß Patienten physische, emotionale, soziale und spirituelle Schmerzanteile haben, und schließt daraus, daß Schmerzerleichterung nur möglich ist, wenn das Phänomen ganzheitlich gesehen und jede dieser Komponenten angegangen wird.

TOTALER SCHMERZ
Physisch
Emotional
Sozial
Spirituell

Der Ausdruck „totaler Schmerz" meint diese ganzheitliche Sicht. Er ist in der sich entwickelnden Hospiz-Bewegung von zentraler Bedeutung. Dieser Begriff wurde zur Grundlage für diese einzigartige Einstellung zum sterbenden Patienten und seiner Familie, die Personen aus den verschiedenen Fachgebieten einbezieht. Diese interdisziplinäre Arbeit ist zum Kennzeichen der Palliativen Medizin geworden.

Totaler Schmerz wird manchmal gebraucht, um verschiedene Aspekte des *Leidens* beim Todkranken zu beschreiben. Ich benutze den Begriff „totaler Schmerz" jedoch in seinem ursprünglichen Sinn: er hat den Patienten im Blick, der sagt: „Es tut weh."

Körperliche Ursachen

Die Weltgesundheits-Organisation nimmt an, daß 70 Prozent der Patienten mit fortgeschrittenem Krebs an Schmerzen leiden (WHO 1986). Nicht alle diese Schmerzen gehen auf die fortschreitende, bösartige Krankheit zurück, sie können durch Schwäche, durch die Krebsbehandlung oder durch „gutartige" Leiden wie Arthritis oder Verstopfung verursacht sein.

Selbst wenn Schmerzen direkt von dem sich ausbreitenden Krebs verursacht sind, ist es wichtig, eine Diagnose zu stellen, die den pathologischen Prozeß und die betroffenen Körperregionen einschließt. Diese Diagnose ist der Schlüssel zu der entsprechenden Behandlung.

Einige häufige Ursachen von Schmerzen, die durch Krebs hervorgerufen werden, sind folgende:

- Knochenschmerzen, durch Metastasen
- Tumor-Infiltration, Druck auf Nerven oder
- Zerstörung von Nerven
- Eingeweideschmerz

- Weichteilinfiltration (z.B. Einwachsen des Tumors in Muskelgewebe)
- Darmkoliken
- Schwellungen durch Lymphstauung (Lymphödeme)
- Erhöhter intrakranieller Druck (Hirndruck)

Totaler Schmerz – emotionale und soziale Faktoren

Es ist wahrscheinlich ziemlich selten, daß Schmerzen ausschließlich von nicht-körperlichen Faktoren verursacht werden. Emotionale und soziale Probleme verschlimmern jedoch häufig die Schmerzen, und es entwickelt sich ein richtiger Teufelskreis, in dem der körperliche Schmerz zu Angst oder Depressionen führt. Diese wiederum erniedrigen die Schmerzschwelle.

Die mangelnde Kommunikation zwischen Patient, Familie und Personal ist oft Schlüssel zu dem Problem. Den meisten Ärzten und Krankenschwestern fällt es schwer, mit Patienten über ihre fortschreitende Krankheit und den bevorstehenden Tod zu sprechen. Familien widerstrebt es oft, schmerzliche Fragen zu diskutieren, und reden lieber über aufheiternde Belanglosigkeiten. Diese Verschwörung des Stillschweigens führt dazu, daß der Patient sich isoliert und verlassen fühlt, gefangen in seinen persönlichen Ängsten.

Was ist der Inhalt solcher Ängste? Die Patienten fragen sich, wie die Krankheit fortschreitet, und besonders, ob sie zu Schmerzen, Inkontinenz oder Verwirrung führen wird. Es kann sein, daß sie sich Gedanken über die Zukunft der Familie machen, besonders wenn in der Familie noch Kinder, alte Verwandte oder Familienmitglieder mit körperlichen oder psychischen Krankheiten zu versorgen sind. Sorgen um finanzielle Probleme oder die passende Wohnung können noch hinzukommen. All diese Gedanken verschlimmern die Schmerzen. Auch die Frustration und die Langeweile einer lang hingezogenen Abhängigkeit führen dazu, sich auf die körperlichen Funktionen und die Schmerzen zu konzentrieren.

Spirituelle Faktoren

Im Angesicht einer schweren Erkrankung oder des bevorstehenden Todes werden viele Patienten anfangen, tiefer über ihr Leben und seinen Sinn nachzudenken. Einige werden starke Gefühle des Versagens und der Schuld, die sich auf ihre Vergangenheit beziehen, entwickeln: zum Beispiel auf Dinge oder gescheiterte Beziehungen. Andere fühlen, daß das Leben für sie zutiefst sinnlos ist, sie können weder Sinn noch Zweck darin finden. Einige, besonders alte Patienten sehnen den Tod herbei, fühlen sich aber deswegen schuldig. Eine kleine Zahl von Patienten hat Angst vor dem, was nach dem Tod geschieht. Religiöse Patienten – gleich welchen Glaubens – oder überzeugte Atheisten können in der Todeskrankheit schmerzliche Zweifel bekommen. Alle diese spirituellen Faktoren können Angst und Schlaflosigkeit verursachen und die Schmerzen verschlimmern.

Den totalen Schmerz bekämpfen

Im folgenden sollen einige praktische Anleitungen gegeben werden, die einen Behandlungsplan für den individuellen Patienten, der über starke Schmerzen klagt, skizzieren.

Die erste Konsultation sollte, wenn möglich, in der Gegenwart von einem oder mehreren nahen Familienangehörigen stattfinden. Sie können so mitteilen, wie sie die Situation sehen. Wenn der Patient seine Symptome herunterspielt oder wenn er vergeßlich oder verwirrt ist, sind solche Äußerungen ganz besonders hilfreich. Ärztin/Arzt und Krankenschwester erfahren so auch etwas über den Umgang in der jeweiligen Familie. Solche Beobachtungen können manchmal hilfreich sein, wenn später Probleme auftauchen.

Nach der routinemäßig erhobenen klinischen Krankengeschichte sollten die Schmerzen ausführlich beschrieben werden. Solch eine Beschreibung sollte den Ort, die Stärke, die Dauer, verschlimmernde und erleichternde Faktoren, das Ansprechen auf frühere Behandlung umfassen. Sie sollte auch in den Worten des

Patienten wiedergegeben werden: „schmerzhaftes Ameisenlaufen“ oder „brennend wie ein glühender Schürhaken“. Wenn möglich, sollten Arzt, Krankenschwester und Patient gemeinsam alle Erkenntnisse in eine „Körper-Skizze“ nach Twycross (1984) eintragen.

Auch andere häufig vorkommende Symptome können Schmerzen verschlimmern. Einzelheiten über Appetit, Erbrechen, Husten oder Atemnot, Schwäche, Blasen- und Darmfunktion, Schlaf und Beweglichkeit müssen schriftlich festgehalten werden.

Weniger leicht, aber wichtig ist es, den Patienten nach seiner Krankheitseinsicht und seinem geistigen Zustand zu fragen. Die meisten Ärzte und Schwestern werden auf geeignete Redewendungen zurückgreifen, wie z. B.: „Hat Ihre Familie viel mit Ihnen über die Krankheit gesprochen?“ – „Wie haben Sie sich nach alldem gefühlt?“ – „Was hat Ihnen geholfen, mit alldem fertig zu werden?“ Nach dieser ersten Konsultation ist es ideal, mit der Familie allein und auch mit dem Patienten allein zu sprechen, so daß Geheimnisse – die meistens die Diagnose und Prognose betreffen – behutsam erforscht werden können. Die notwendige körperliche Untersuchung sollte alle für die beschriebenen Schmerzen wichtigen Krankheitszeichen einbeziehen, besonders irgendwelche neurologischen Ausfälle oder lokalen Druckschmerz.

Eine so umfassende erste Konsultation kann wohl kaum schnell geschehen. Sie kann eine Stunde oder mehr in Anspruch nehmen. Doch es ist keine vergeudete Zeit; Patienten und Familien schätzen die Gelegenheit, über ihre Situation reden zu können, sehr, und das wirkt oft schon therapeutisch.

Zum Schluß eines solchen Interviews ist es wesentlich, die dargelegten Probleme und die jeweils vorgesehene Behandlung schriftlich festzuhalten. Das ist wichtig für die anderen Mitglieder des interdisziplinären Teams und für das pflegerische und ärztliche Personal, die vielleicht später die Betreuung des Patienten übernehmen. Eine solche Problemliste kann auch bedrückende, leidvolle Symptome enthalten, wie Mangel an Einsicht, Angst oder Depressionen, Spannungen in der Familie, finanzielle Sorgen und vielleicht Schuld- oder Minderwertigkeitsgefühle.

Ein Beispiel:

Frau M. E. (45 Jahre), Brustkrebs rechts, mit vielen Knochenmetastasen:

Problem:	*Behandlungsvorschläge:*
Schmerzen in der Lendenwirbel-Kreuzbein-Gegend durch Metastasen im Bereich der Wirbelsäule	1. Entzündungshemmendes Medikament, das kein Steroid enthält 2. Weiterhin regelmäßig Morphin-Tabletten (oral) (vielleicht ist eine höhere Dosis erforderlich) 3. Mit der Strahlentherapie-Abteilung Kontakt aufnehmen zwecks weiterer Strahlentherapie
Verstopfung	Milchzucker und Sennae-Präparate
Schwäche	Ermutigung, Physiotherapie
Angst um die Zukunft. Schlechte Kommunikation mit dem Ehemann	Den Ehemann treffen, die beiden ermutigen, offener miteinander umzugehen.
Langeweile	Ihre Interessen herausfinden, Beschäftigungstherapeutin hinzuziehen
Finanzielle Sorgen	Finanzielle Unterstützungsmöglichkeiten herausfinden
Spirituelle Probleme Sie fragt: „Warum ich?"	Zeit haben, zuzuhören Vielleicht möchte sie den Seelsorger sehen

In vielen Situationen kann eine solche Problemliste gemeinsam von Arzt und Krankenschwester gemacht werden. Sie sollte dann anderen Mitgliedern des Teams mitgeteilt und ihre Vorschläge in den Behandlungsplan mit einbezogen werden.

In diesem Anfangsstadium ist es selten möglich, die Anteile der emotionalen, sozialen und spirituellen Faktoren am Schmerzgeschehen abzuschätzen. So muß das Team versuchen, gleichsam an allen Fronten vorzurücken, und all die Probleme einzeln angehen und sich dabei voll bewußt sein, daß diese sich gegenseitig beeinflussen und verstärken.

Behandlungsergebnisse

Glücklicherweise können die Schmerzen der weitaus meisten Krebspatienten durch einfache medikamentöse Therapien erleichtert werden. Takeda ging nach der Teilnahme an einem einwöchigen „workshop" nach Japan zurück und prüfte die Richtlinien der WHO zur Schmerzlinderung bei Krebs (WHO 1986). Er fand, daß 87 Prozent seiner Patienten schon allein durch die medikamentöse Behandlung schmerzfrei wurden (Takeda 1986). Diese hohe Erfolgsrate geht zwar auch darauf zurück, daß seine Patienten unter verschieden starken Schmerzen litten. Patienten in Hospizen haben meist hartnäckige Symptome. Dennoch zeigen solche Zahlen, die im übrigen auch der Erfahrung vieler Hospize entsprechen, daß die genaue Information über den Gebrauch von Schmerzmitteln und ein interessiertes Personal in über 90 Prozent der Patienten zu guter Schmerzbeseitigung führen.

Hartnäckige Schmerzen

Für 5 bis 10 Prozent aller Krebspatienten wird keine völlige Schmerzlinderung erreicht. In einigen Fällen kann die mangelnde Einwilligung in die Behandlung oder eine zu kurze Behandlungsdauer schuld sein. Manche haben starke, jedoch in Abständen auftretende Schmerzen. Es gibt aber auch einige wenige Patienten, die über starke, anhaltende Schmerzen klagen, die nur teilweise oder gar nicht auf eine Behandlung ansprechen. Das sind die Patienten, deren heikle Lage die Möglichkeiten auch eines interdisziplinären Teams überfordern können und die nicht so schnell vergessen werden. Sie haben gewöhnlich diffizile, körperliche Beschwerden, so wie die Schmerzen, die bei der Zerstörung von Nerven entstehen, und zusätzlich emotionale, familiäre und spirituelle Probleme.

Die Auswirkung auf das Team

Ein Patient mit nicht völlig behebbarem „totalem Schmerz" verursacht viel Ärger. Er und seine Familie ärgern sich vielleicht über das Hospizpersonal. „Wir kamen hierher, weil Sie sagten, sie könnten die Schmerzen beheben." Die Krankenschwestern ärgern sich wahrscheinlich über die Ärzte. Sie denken, sie könnten mehr tun. Seelsorger und Sozialarbeiter sind frustriert, da der Patient sagt, er könne nicht über spirituelle oder familiäre Probleme nachdenken, da die Schmerzen zu stark sind.

Gelegentlich denken Mitarbeiter/innen, besonders neue Teammitglieder, daß der Patient „eine Schau veranstaltet". Er kann über Schmerzen klagen, während er so völlig entspannt aussieht, als ob es ihm gut ginge. Er kann um eine Injektion bitten und dann schon schlafen, wenn die Schwester einige Minuten später damit kommt. In dieser Situation muß die Definition von Schmerz erneut hervorgehoben werden. „Schmerz ist, was nach Aussage des Patienten weh tut." Simulanten – Patienten, die behaupten, Schmerzen zu haben, obgleich dem nicht so ist – gibt es praktisch nicht. Der Schmerz, der von emotionalen Faktoren verursacht oder verschlimmert wird, ist ein realer Schmerz und tut weh. Aber er erfordert eine spezielle Behandlung.

Das Team trifft sich

Um bei einem Patienten das Problem des unbehandelten Schmerzes anzugehen, ist es entscheidend, daß sich das Team regelmäßig trifft. Das ist relativ einfach bei den stationären Patienten; die Ärzte, Krankenschwestern, der Sozialarbeiter und der Seelsorger werden an der wöchentlichen Stationsbesprechung teilnehmen, bei der die Probleme des „schwierigen Patienten" vorgestellt und diskutiert werden können.

Der Patient wird von dem Hausbetreuungsteam begleitet. Die Hausärzte und Gemeindeschwestern können sich sehr frustriert und isoliert fühlen, wenn sie Patienten mit hartnäckigen Schmerzen betreuen. Sie werden sich wahrscheinlich gern mit den Hospizmitarbeitern/innen treffen, die vor dem gleichen Problem stehen.

Eine Teamversammlung wird zwei ganz bestimmte Absichten haben, das Sich-Mitteilen und das Planen; und es ist sehr wichtig, daß der/die Leiter/in darauf achtet, daß diese beiden wesentlichen Punkte auch behandelt werden.

So wie Patienten geholfen werden kann, wenn sie ihrem Ärger und ihrer Traurigkeit Ausdruck geben können, so fühlt sich auch das Personal akzeptiert und verstanden, wenn es sich frei äußern kann, wie ihm zumute ist: „Er ist nie zufrieden und beschwert sich dauernd." – „Sie spricht auf keine Behandlung an, die ich versucht habe." – „Ich bin wütend darüber, wie er seine Frau behandelt." Wenn solche Gefühle mitgeteilt und vielleicht verstanden werden, ist es möglich, als Team weiterzumachen und die weitere Betreuungsstrategie zu planen.

In den folgenden Abschnitten werden die Beiträge der Krankenschwestern, des Arztes, des Sozialarbeiters und des Seelsorgers getrennt diskutiert. Die Behandlung wird natürlich zusammen angeboten, und die Arbeit des Teams wird sich überschneiden. Es ist ganz in Ordnung, wenn der Sozialarbeiter die Wichtigkeit einer regelmäßigen Einnahme der Schmerzmittel betont, die Krankenschwester einfache Muskelübungen lehrt, und der Arzt mit dem Patienten, der darum bittet, betet.

Beim Karzinompatienten mit wirklich hartnäckigen Schmerzen kommt es selten vor, daß allein der Wechsel eines einzelnen Medikamentes oder *ein* Familientreffen oder *ein* Gespräch mit dem Seelsorger Erleichterung bringen. Die Reaktionen kommen nacheinander und allmählich. Und es ist dann ganz unmöglich zu sagen, auf welche Komponenten sie zurückgehen.

Die Rolle der Krankenschwester

Der Patient und seine Familie werden die Krankenschwester öfter als irgendein anderes Teammitglied sehen. Das trifft ganz besonders für den stationären Hospizpatienten zu, gilt aber auch für den Patienten daheim, denn die große Mehrzahl der Patienten mit fortgeschrittenem Krebs, die unter starken Schmerzen leiden, werden regelmäßig von Gemeindeschwestern besucht. Dieser enge und ständige Kontakt gibt der Schwester die Gelegenheit, den Patienten in seinen Schmerzen zu beobachten; und diese Beobachtungen sind entscheidend für die Diagnose und Behandlung der Schmerzen. Sie wird feststellen können, ob eine Verschlimmerung durch Spazierengehen, Essen oder einen Besuch der Familie verursacht wurde. Ein Patient, der wenige Minuten nach der Tabletteneinnahme Erleichterung verspürt, leidet eher unter Angst als an rein körperlichen Schmerzen.

Einige Patienten benutzen ihre Schmerzen, um Mitleid bei einer wenig hilfsbereiten Familie zu bekommen oder die Aufmerksamkeit einer beschäftigten Krankenschwester auf sich zu ziehen. Es wird eher akzeptiert, wenn der Patient sagt: „Kann ich etwas gegen meine Schmerzen haben?" als „Ich bin so niedergeschlagen, bitte kommen Sie, um mit mir zu reden." Die aufmerksam beobachtende Stationsschwester wird verstehen, daß solche Schmerzen in Wirklichkeit Hilferufe sind, und sie wird sich darum kümmern, daß Schwestern da sind, die den Patienten regelmäßig besuchen, wenn nicht von selbst danach verlangt.

Es ist eine Aufgabe der Stationsschwester, das Team zu koordinieren. Es ist sehr wahrscheinlich, daß die Schmerzen eines Patienten zunehmen, einfach weil er die Situation nicht wahrhaben will. Aber wenn drei Mitglieder des Teams dann am selben Tag versuchen, ein sinnvolles Gespräch mit ihm zu führen, wird das mit Sicherheit schiefgehen. Die Krankenschwester kann jedoch durch ihren engen Kontakt mit dem Patienten und seiner Familie den rechten Zeitpunkt erspüren, wann solche schwierigen Fragen besprochen werden können.

Die Rolle des Arztes

Wenn Schmerzen auf herkömmliche Behandlungsweisen nicht ansprechen, muß die physische Seite erneut und vollständig überprüft werden. Vielleicht glaubte man, die Schmerzen seien auf nachgewiesene Knochenmetastasen zurückzuführen. Wenn dann jedoch Strahlentherapie, entzündungshemmende Medikamente plus Morphin nicht angesprochen haben, sollte das den Arzt veranlassen, die Diagnose neu zu überdenken. Eine sorgfältige neurologische Prüfung und vielleicht weitere Untersuchungen könnten zum Beispiel zur Diagnose von Deafferentierungsschmerzen (Schmerzen, die bei der Zerstörung von Nerven entstehen) führen, die ein ganz anderes therapeutisches Angehen erfordern.

Nach Erfahrung der Hospize haben viele der 5 bis 10 Prozent Patienten mit hartnäckigen Schmerzen Zeichen von Nervenzerstörungen. Unterlagen einer größeren Schmerzklinik in Australien zeigen, daß 30 Prozent der behandelten Krebspatienten Deafferentierungsschmerzen haben (Cousins M. J., persönliche Mitteilung 1989).

Wenn die Schmerzdiagnose erneut überprüft worden ist, werden sich neue Behandlungsmöglichkeiten auftun. Andere und zusätzliche Medikamente können angewandt werden, z. B. sind trizyklische Antidepressiva hilfreich gegen Dauerschmerzen, die durch Nervenzerstörungen verursacht werden, während Carbamazepin besser bei einschießenden Schmerzen hilft (Tasker 1987).

Manchmal kann ein anderer Verabreichungsweg für Morphin angewandt werden. Am wirksamsten ist der epidurale Weg, bei dem das Schmerzmittel zwischen die äußerste Hülle des Rückenmarks und den Wirbelkanal gespritzt wird. Dieser wird am besten gewählt, wenn der Schmerz ursprünglich auf orales Morphin angesprochen hatte, jetzt aber die erforderliche Dosis unerträgliche Nebenwirkungen verursacht (Cherry – Gourlay 1987). Andere Medikamente, die epidural gegeben werden können, sind Steroide und Lokalanästhetika.

Die Mehrzahl der Patienten mit hartnäckigen Schmerzen spricht vielleicht nur teilweise auf diese speziellen therapeutischen Methoden an, weil das Augenmerk auch immer auf die emotionale, soziale und spirituelle Not gerichtet werden muß. Es bleiben schließlich nur wenig Patienten übrig, die sich trotz aller Bemühungen nicht besser fühlen. Für den Arzt ist das dann eine ständige Versuchung, neue Methoden auszuprobieren, um die „Hoffnung aufrechtzuerhalten". Aber vielleicht wäre es hier am

Platz, einen Mißerfolg zuzugeben und mit dem Patienten zusammen zu akzeptieren, daß bis zu einem gewissen Grad die Schmerzen einfach unvermeidbar sind; und dann dem Patienten zu versichern, daß er trotzdem weiterbehandelt und betreut wird.

Die Rolle des Sozialarbeiters

Der/die Sozialarbeiter/in hat den Vorteil, daß er/sie nicht für die Schmerzkontrolle verantwortlich gemacht werden kann. Als Teammitglied ist er/sie aber orientiert über die Situation und kann ein Gespräch mit dem Patienten und vielleicht auch mit seiner Familie ungefähr so anfangen: „Es muß schrecklich sein, so schlimme Schmerzen zu haben, gegen die wir nichts tun können."

Das wird dann ziemlich sicher zu einem Gespräch führen, in dem Zorn, Verzweiflung und Angst ausgedrückt werden. Zorn über die bisherige Behandlung oder darüber, daß gar nichts getan worden ist; Zorn über hervorgerufene Erwartungen, die enttäuscht wurden. „Sie sagten, daß die Operation helfen würde, aber ich bin seitdem schlechter dran." Zorn über das „inkompetente" Hospizpersonal, das „die Medikamente nicht richtig hinkriegt". Verzweiflung: „Das Hospiz war meine letzte Hoffnung, aber ich weiß jetzt, daß es einfach nicht mehr besser wird." Und Angst: „Ich bin sicher, daß die Schmerzen immer schlimmer werden, und ich werde, wie mein Vater, unter Qualen sterben."

Wenn der/die Sozialarbeiter/in sich die Ängste und den Zorn, die durch anhaltende Schmerzen verursacht wurden, angehört hat, kann er oder sie in der Lage sein, nach den emotionalen und sozialen Faktoren zu suchen, die noch zur Verschlimmerung beitragen. „Was glauben Sie, was Ihnen weh tun würde, wenn Sie *diese* Schmerzen nicht hätten?" Eine solche Frage kann die Traurigkeit einer Patientin darüber, daß sie nicht nach Hause gehen kann, ihre Sorge um einen kranken Ehemann, entfremdete Kinder oder finanzielle Nöte hervorrufen. Es gibt selten irgendwelche einfache oder komplette Lösungen zu diesen Problemen, aber wenn deutlich wird, daß das Personal und die Familie an diesen

Nöten anteilnimmt, wird auch oft die Angst geringer, die die Schmerzen verschlimmert. Manchmal können ganz einfache, praktische Schritte vorgeschlagen werden; ein Testament zu machen oder Geschenke für Familie oder Freunde zu bestimmen, kann große Befriedigung geben. Eltern können dazu angeregt werden, Hefte für ihre kleinen Kinder anzulegen, denen sie darin ihre Liebe versichern und Erinnerungen an gemeinsam verbrachte Zeit aufzuschreiben. Patienten machen sich auch oft Sorgen, daß ihre älteren Verwandten sich selbst vernachlässigen, weil sie zu sehr damit beschäftigt sind, sie zu Hause zu pflegen oder im Krankenhaus zu besuchen. Das Angebot einer Hilfe für daheim oder Fahrgelegenheit oder finanzielle Unterstützung können eine ganze Menge unnötiger Ängste auflösen.

Die Rolle des Seelsorgers

Der/die Seelsorger/in wird sich vielleicht mehr als andere im Team darüber im klaren sein, welche Rolle Schmerzen im Leben eines Patienten spielen können. Manchmal klammert sich ein Patient an Schmerzen, um Sympathie zu bekommen oder um sich anderen Menschen nicht so zu zeigen, wie er wirklich ist.

Ein spiritueller Konflikt wie Angst kann Schmerzen verschlimmern; die häufigsten Erscheinungsformen sind wahrscheinlich Schuldgefühle, die sich auf die Vergangenheit beziehen, und das Gefühl, das Leben sei sinnlos. Einige Patienten zweifeln an dem Glauben, der ihnen früher Halt gegeben hat, und viele denken, daß sie vom Schicksal ungerecht behandelt oder unfair gestraft sind. Verwandte sagen oft: „Er ist immer so gut gewesen, er verdient das nicht." Diese Gefühle können jedem Mitglied des Betreuungsteams gezeigt werden; alle jedoch sollten sensibel sein für spirituelle Fragen, sie sollten fähig sein zuzuhören, selbst Hilfe anzubieten oder zu wissen, wo sie guten fachlichen Rat bekommen können. Das Personal muß die verschiedenen Glaubensrichtungen und -praktiken kennen, so daß diesen Patienten und ihren Familien angemessene spirituelle und praktische Hilfe angeboten werden kann.

Viele christliche Patienten nehmen das Angebot des Seelsorgers an, mit ihnen zu beten. Zu diesem Zeitpunkt erwarten nur wenige körperliche Heilung. Sie beten um Erleichterung von Schmerzen oder anderen belastenden Symptomen. Da sehr viel Kummer und Leid der Sterbenden durch das Abschiednehmen von der Familie verursacht wird, schätzen viele Patienten die Gelegenheit, ihre Angehörigen der Fürsorge und dem Schutz Gottes anvertrauen zu können.

Unterstützung des Personals

Einige Betreuer haben unrealistische Vorstellungen von dem, was erreicht werden kann. Sie erwarten anscheinend, daß alle sterbenden Patienten total schmerzfrei sein können ohne jegliches physisches Elend, fröhlich, ausgeglichen, im Frieden mit ihren Familien und mit Gott. Es ist die Aufgabe der Mitglieder des Teams, sich gegenseitig behutsam daran zu erinnern, daß das selten möglich ist. Ein kluger Mensch wird sagen: „Sie machen es recht so." oder „Es ist nicht vollkommen, aber gut genug." Obwohl die beruflichen Fähigkeiten von Krankenschwester, Arzt, Sozialarbeiter und Seelsorger gebraucht werden und natürlich ständig verbessert werden müssen, braucht der sterbende Patient sie dennoch am meisten als Mitmenschen, die trotz seiner Schmerzen bei ihm bleiben und ihn und seine Familie bis zum Ende begleiten.

ZWEITER TEIL

Herausforderung für das ganze Team

4
VIERUNDZWANZIG STUNDEN VOR UND NACH DEM TOD

von Tony O'Brien und Barbara Monroe

Die richtige Begleitung sterbender Patienten, einschließlich der Betreuung ihrer Angehörigen und Freunde, benötigt das Können verschiedener Berufsgruppen. Der Patient ist nicht nur ein krebskrankes, sterbendes Individuum, sondern er gehört zu einer Familie, und seine Reaktionen verbinden sich eng mit denen seiner Angehörigen. Die Familie ist eine Betreuungseinheit, und es wird nicht ohne Einfluß auf ihre Trauer und die kommenden Krisen bleiben, wie wir mit der Krankheit und dem Tod eines geliebten Angehörigen umgehen.

Auch die Personen, die sterbende Patienten betreuen, sollten fühlen, wie wertvoll und lohnend diese Aufgabe ist. Das geschieht aber nur, wenn sie sehen, daß die Patienten und ihre Familien, die ihnen anvertraut sind, geeignete medizinische, soziale und emotionale Unterstützung bekommen. Der Tod ist allerdings nicht immer „sauber und ordentlich", und manchmal sind die Patienten trotz unserer äußersten Anstrengungen nicht so ruhig und friedlich, wie wir es gern hätten oder erwarten. Manchmal ist der Tod plötzlich und kann uns sehr nahegehen, etwa wenn er in Verbindung mit einer größeren Blutung eintritt. In diesen Fällen können wir uns gegenseitig unterstützen, so daß nicht einer der Beteiligten durch eine zu große Verantwortung überfordert wird.

Medizinische Unterstützung

Die meisten Patienten sterben nicht plötzlich an einer bösartigen Krankheit. Normalerweise tritt eine allmähliche Verschlechterung ein, und dabei verbringen die Patienten eine immer länger werdende Zeit mit Schlafen. Wenn sie in ein Koma geraten, können sie nichts mehr zu sich nehmen, und schließlich ist der Zeitpunkt erreicht, daß der Tod unmittelbar und eindeutig bevorsteht. Der Zeitraum vom Beginn des Komas bis zum Tod ist sehr variabel und kann zwischen wenigen Stunden bis zu ein paar Wochen schwanken; meistens tritt der Tod innerhalb 24 bis 48 Stunden ein.

Wenn der Tod eindeutig bevorsteht und die Patienten nichts mehr zu sich nehmen können, müssen sich die Prioritäten ändern. Die Medikamentenversorgung sollte nochmals überprüft und alles, was nicht unbedingt nötig ist, sollte abgesetzt werden. Eine Liste der allgemein gebräuchlichen Medikamentengruppen, die in den letzten 24 Stunden des Lebens abgesetzt werden können, ist in der nun folgenden Tabelle aufgeführt:

Medikamente, die in den letzten 24 Stunden abgesetzt werden sollten:

Kortikosteroide
Nichtsteroide entzündungshemmende Medikamente
Antibiotika
Insulin/orale Antidiabetika
Antidepressiva
Bronchodilatatoren
Bluthochdruck senkende und Herzrhythmus regulierende Mittel
Diuretika
Laxantien
Eisen-, Vitaminpräparate

Für die *wesentliche* Medikation gelten folgende Richtlinien:

- Ausreichende analgetische Medikation sollte weiterhin regelmäßig gegeben werden, *selbst wenn* der Patient tief bewußtlos ist.
- Orale Mittel gegen Krampfanfälle können durch Diazepam-Zäpfchen, 10–20 mg alle 8 Stunden, ersetzt werden.
- Scopolamin hydrobromicum sollte beim ersten Zeichen von

geräuschvollem Atmen eingesetzt werden, um das sogenannte „Todesrasseln" zu verhindern.

- Psychotrope Mittel, wie z. B. Phenothiazine oder Benzodiazepine, sollten weiterhin in ausreichender Dosis rektal oder parenteral gegeben werden. Die Dosis sollte entsprechend der Reaktion des Patienten gegeben werden.

Opiate

Es ist sehr wichtig, daß eine ausreichende schmerzstillende Behandlung fortgesetzt wird. Für die große Mehrzahl der Patienten bedeutet dies die Einnahme von Morphin.

Morphin kann als Injektion alle vier Stunden oder subkutan mit einer Spritzenpumpe als Infusion gegeben werden. Grundsätzlich kann man zwischen den vierstündlichen Injektionen oder einer subkutanen Infusion wählen. Wenn die Lebenserwartung weniger als 24 bis 48 Stunden beträgt, hat die vierstündliche Injektion den Vorteil, daß man die Dosierung leichter verändern kann. Wenn es jedoch so aussieht, als ob der Patient noch einige Tage lang leben wird, dann wird die Spritzenpumpe bevorzugt.

Die Anwendung von Zäpfchen kann in einigen Fällen, besonders wenn der Patient zu Hause stirbt, angebracht sein. Der Gebrauch von Morphin-Zäpfchen ist allerdings begrenzt, weil sie nur eine relativ kurze Wirkungsdauer (vier bzw. drei Stunden) haben.

Phenothiazine

Diese Medikamente können wegen ihrer sedierenden, schmerzlindernden Wirkung und gegen Erbrechen angewandt werden.

Chlorpromazin kann als Injektion (12,5–50 mg) alle 4 bis 8 Stunden gegeben werden oder als Zäpfchen (50–100 mg) alle 4 bis 8 Stunden. Es kann nicht in einer Spritzenpumpe verabreicht werden.

Methotrimerazin (z. B. Neurocil) ist ein wirksames Mittel gegen Erbrechen und hat zweimal so starke schmerzstillende und sedierende Eigenschaften wie Chlorpromazin. Es kann sowohl als Injektion (25–100 mg) alle 4 bis 8 Stunden als auch mit einer Spritzenpumpe verabreicht werden. Es kann jedoch vorkommen, daß bei letzterem Verfahren lokale Hautreaktionen an der Einstichstelle entstehen. Dann sollte man auf diese Anwendung verzichten.

Hyoszin

Das ist ein besonders nützliches Medikament für die letzten 24 Stunden. Es hat eine Reihe von Wirkungen, unter anderen:
- vermindert die exokrine Drüsensekretion
- entspannt die glatte Muskulatur
- wirkt stark sedierend (nur selten körperliche Unruhe als paradoxe Reaktion)
- wirkt gegen Erbrechen.

Die Dosierung von Hyoszin-Hydrobromid ist 0,4–0,6 mg alle 4 Stunden als Injektion oder über die Spritzenpumpe bis zu einer maximalen Dosierung von 2,4 mg/24 Stunden.

Benzodiazepine

Diese Medikamente werden gewöhnlich verabreicht, weil sie
- beruhigend
- muskelentspannend
- krampflösend

wirken. Diazepam 10–20 mg kann alle 8 Stunden rektal gegeben werden. Wenn das nicht angebracht ist, kann Midazolam 10–40 mg subkutan mittels einer Spritzenpumpe über 24 Stunden infundiert werden.

Soziale und emotionale Unterstützung

Ein sterbender Mensch sollte in einer einfachen Art und Weise ohne Hetze und ohne große Unruhe betreut werden. Das Personal sollte sich im klaren sein, wie wichtig es ist, menschliche Würde und Identität des Patienten zu wahren, auch wenn er bewußtlos ist. Die Angehörigen sollten sich, ihren Möglichkeiten entsprechend, in das Betreuungsteam integrieren. Sie können sich leicht durch eine professionelle Haltung ausgeschlossen fühlen. Sie werden bei der praktischen Krankenpflege des Patienten, z. B. Waschen, die Lippen befeuchten usw., meistens gerne helfen.

Wir müssen mit allen beteiligten Personen besprechen, ob sie zur Zeit des Todes dabeisein wollen oder nicht. Einige haben vielleicht noch keinen Tod miterlebt. Sie brauchen Informationen darüber, was sie zu erwarten haben, wie die Symptome unter Kontrolle gebracht werden und was unmittelbar nach dem Tod geschieht. Den Übergang von oraler zu parenteraler Medikamentenverabreichung oder die Veränderungen in der Atmung zu erklären wird dazu beitragen, Ängste abzubauen. Familien, die unter Streß sind, mögen sich fragen, ob die regelmäßigen Injektionen die Lage des Patienten vielleicht verschlechtern. Ihnen sollte Gelegenheit gegeben werden, dies selbst zu überprüfen.

Viele Angehörige und selbst das Personal sind bekümmert, wenn ein Patient nicht mehr essen und nicht einmal mehr trinken kann. Die Erklärung, daß Nahrung dem Patienten jetzt nichts mehr nützt, kann helfen. Der Wunsch, Nahrung und Wasser anzubieten, ist ein starker natürlicher Instinkt, aber in diesem Fall geht das eigentliche Wohlbefinden des Patienten vor. Intravenöse Flüssigkeitszufuhr kann für ihn sehr beschwerlich sein, und bei einem sterbenden Patienten kann ein gewisser Grad von Austrocknung das Wohlbefinden tatsächlich verbessern, da zum Beispiel quälende Bronchialsekrete teilweise reduziert werden. Ein trockener Mund kann mit lokalen Mitteln behandelt werden.

Auch zu diesem späten Zeitpunkt kann es noch Dinge geben, die die Angehörigen dem Patienten sagen möchten. Es lohnt sich, immer nachzufragen, und häufig wird diese Frage mit Ja beantwortet. Dann muß für eine intime Atmosphäre gesorgt werden, und es muß auch erklärt werden, daß der Patient noch fähig sein kann zu hören, obwohl er keinerlei Reaktionen mehr zeigen kann.

Es darf nicht vergessen werden, daß der Tod für die Familienangehörigen ein tiefgreifendes, emotionales Ereignis und manchmal auch ein physischer Schock ist, selbst wenn alles vorauszusehen war. Zur Zeit des Todes brauchen die Angehörigen eine Privatatmosphäre, um die Ereignisse zu verarbeiten, um sich zu verabschieden und um ihre Gefühle in ihrer eigenen Art und Weise auszudrücken. Das gegenseitige Trösten und Trostempfangen ist eine einzigartige Gelegenheit für die Familie zusammenzukommen. Die Mitarbeiter/innen müssen sich davor hüten, in diese Privatsphäre einzudringen.

Oft werden die Angehörigen nach dieser ersten Phase den Vorschlag zu beten gern annehmen. Die beruhigenden Stimmen und die fürsorgliche Anteilnahme der anderen werden den Schock und die Panik, die der Tod ausgelöst hat, abschwächen. Das Gebet ist für viele Familien in dieser Situation wichtig und kann ein sehr großer Trost sein. Die Gebete können auch Teammitglieder und andere Patienten und ihre Angehörigen mit einschließen.

Nach dem Tod sollte der Leichnam mit Sorgfalt und Respekt behandelt werden. Besondere Aufmerksamkeit sollte religiösen oder kulturellen Praktiken eingeräumt werden. Die Angehörigen wollen vielleicht beim Waschen oder Anziehen des Toten helfen. Wenn sie das wünschen, sollten sie darin auch bestätigt werden. Den anderen Patienten und ihren Angehörigen sollte der Eintritt des Todes sofort und schonend mitgeteilt werden. Es kann für sie eine Kraft- und Trostquelle sein, daß der Tod friedlich war, daß die Toten mit Würde und ihre Angehörigen mit Verständnis behandelt wurden.

Der Tag danach

Die Angehörigen sollten eingeladen werden, die Station am folgenden Tag wieder zu besuchen. Wenn möglich, sollten sie sich mit einer Krankenschwester, die ihren Angehörigen betreut hat, treffen; am besten mit der Schwester, die beim Tod dabei war. Wenn wir sie bitten, daß die ganze Familie kommen soll, dann bezeugen wir klar und deutlich, daß wir uns wirklich Sorgen um sie machen. Wir können vorschlagen, daß auch die Kinder mitkommen können. Wenn die Kinder jedoch nicht dabei sind, so können wir geeignete Bücher vorschlagen, die mit den Kindern gelesen werden können. Auch Kinder haben das tiefe Bedürfnis zu trauern.

Dieses Treffen gibt dem Team und der Familie nochmals eine Chance, sich zu verabschieden und zu bedanken. Wenn etwas zu Ende geht, dann ist es immer eine bedeutsame Situation. Die Familie hat nicht nur den Patienten verloren, sondern auch die Station und ihr Personal, dem sie sehr verbunden war. Die Trauernden brauchen unsere Anerkennung in ihrem Schmerz und ihrer Trauer. Selbst wenn wir nicht die Zeit hatten, eine Familie kennenzulernen, können wir ihnen immer noch Zeit anbieten, mit ihnen zu reden.

Wir können versuchen, die Familie auf einige physische und emotionale Erfahrungen im Trauerprozeß vorzubereiten, die sonst verwirrend sein könnten. Man muß ihnen immer wieder bestätigen, daß starke und sich widersprechende Gefühle normal sind, Liebe und Groll, Traurigkeit und Zorn. Sie müssen wissen, daß solche Gedanken wie „hätten wir nur ..." dazugehören und daß es nicht krankhaft ist, die Stimme des Verstorbenen zu hören. Es hilft den Trauernden auch, wenn wir eine persönliche Erinnerung vom Verstorbenen mitteilen und unsere eigene Traurigkeit ausdrücken. Das wirkt oft wie ein Auslöser, der den Trauernden hilft, sich zu erinnern. Dies ist ein notwendiger, wenn auch schmerzlicher Prozeß.

Die Vergangenheit ist wichtig. Die Angehörigen müssen sich vielleicht Einzelheiten von Krankheit und Tod immer wieder vor Augen führen; dann erst können sie damit anfangen, sich zu verabschieden. Wenn sie zur Zeit des Todes nicht dabei waren, kann es helfen, wenn eine Krankenschwester, die anwesend war, klar und deutlich das Geschehene beschreibt. Die Angehörigen müssen vielleicht dazu angeregt werden, Fragen zu stellen und unsere Antworten zu hören. „Hätte ich ihn früher ins Hospiz kommen lassen sollen?" – „Hat die letzte Spritze seinen Tod verursacht?" Sie müssen spüren, daß sie getan haben, was sie konnten. Es ist wichtig, ihnen zu bestätigen, wie wertvoll ihre Fürsorge war, und sie an ihre eigenen Stärken und Hilfeleistungen zu erinnern.

Das Treffen trägt auch dazu bei, daß die Angehörigen den Mut finden, den Tod als Realität zu akzeptieren. Wir können ihnen helfen, den Totenschein bewußt und in aller Ruhe zu lesen. Wenn wir vom Verstorbenen in der Vergangenheitsform sprechen und Wort wie „tot" oder „Krebs" gebrauchen, so hilft das, die Realität zu akzeptieren. Auch die Sachen des Verstorbenen zusammenzupacken kann helfen, das Endgültige zu verstehen. Angehörige brauchen des weiteren einen klaren und praktischen Rat darüber, wie und wo der Tod gemeldet wird, was mit den Finanzen geschieht und wie eine Beerdigung in die Wege geleitet wird. Menschen im Streß vergessen leicht, und die Informationen sollten deshalb aufgeschrieben werden, am besten in Form eines normalen Merkzettels. Unterschiedliches Trauern kann Spannungen innerhalb der Familie hervorrufen. Es ist zum Beispiel nicht dasselbe, jemanden weinen zu lassen oder zu erwarten, daß jemand weinen sollte. Wir können ihnen helfen diese Unterschiede zu sehen und sich gegenseitig zu erlauben, auf ihre eigene Art und zu ihrer eigenen Zeit zu trauern.

Es ist auch individuell verschieden, ob jemand den Toten sehen will oder nicht. Nichts ist diesbezüglich richtig oder falsch, sondern der Wunsch einer jeden Person sollte respektiert werden. Wir sollten gleich zu Beginn des Treffens sagen, daß es die Gelegenheit gibt, den Leichnam anzuschauen. Das „Wo und Wie" sollte erklärt werden, so daß sie eine klare Entscheidung treffen können. Jemand vom Team sollte die Angehörigen, die sich entschieden haben, den Toten noch einmal zu sehen, begleiten. Sie können angeregt werden, Abschiedsworte zum Ausdruck zu bringen. Man kann den Angehörigen die Scheu nehmen, den Toten zu berühren oder zu umarmen, indem die Begleitperson den Leichnam vorsichtig berührt. Einige möchten einfach eine Zeitlang still bei dem Toten sitzen. Die Umgebung sollte dazu passend und würdig sein.

Schließlich gibt uns dieses Treffen nach dem Tod die Möglichkeit, das Trauerrisiko der Angehörigen zu beurteilen und, wenn nötig, sie einem entsprechenden „Trauer-Dienst“ zu übergeben. Wir sollten uns jedoch daran erinnern, daß weder der Patient noch seine Familie unser Eigentum ist. Trauer ist eine normale und unvermeidliche menschliche Reise und keine Krankheit. Die meisten Menschen werden die Trauerarbeit mit Hilfe ihrer Familie, ihren Freunden und – wenn dazu Beziehungen bestehen – der Ortsgemeinde erfolgreich durchstehen.

5

„HARTNÄCKIGE" SYMPTOME

von Bridget Wood

Jedes Symptom kann hartnäckig werden. Es ist dann nicht nur schwierig unter Kontrolle zu bringen, sondern es spricht einfach auf keine Behandlung oder Intervention mehr an, und der Patient wird es einfach nicht mehr los. In einigen Fällen ist solch ein Symptom die unvermeidliche Folge einer fortschreitenden bösartigen Erkrankung. Das Symptom, worüber bei der Aufnahme in das St.-Christopher's-Hospiz am meisten geklagt wird, ist Schwäche. Die Gabe von Cortison oder Physiotherapie können zwar eine vorübergehende Besserung bringen. Es kann auch sonst noch viel getan werden, um dem Patienten zu größerer Unabhängigkeit zu verhelfen und sein Wohlbefinden zu verbessern, aber das Fortschreiten der Krankheit wird einfach von einer zunehmenden Schwäche begleitet sein. Auch andere Symptome kommen vor, so wie allgemeiner Juckreiz, Schluckauf, malignes Schwitzen, um nur einige zu nennen. Mit wenig Begeisterung gehen wir dann die Listen der Medikamente in den Lehrbüchern durch; denn wir wissen, daß die moderne Schulmedizin nur sehr begrenzte Möglichkeiten hat, diese Symptome zu erleichtern.

Wie kann also das interdisziplinäre Team mit solchen hartnäkkigen Symptomen umgehen? Wenn die Patienten ihre terminale Krankheit und ihre begrenzte Prognose allmählich akzeptieren, so kann man ihnen helfen zu erkennen, daß es möglich ist, gleichzeitig das Beste zu erhoffen und sich auf das Schlimmste vorzubereiten. Sobald das interdisziplinäre Team die Betreuung des Patienten in die Hand nimmt, versucht es die hartnäckigen Symptome abzuschwächen, damit sie nicht zu einem hartnäckigen Problem werden.

Beim ersten Treffen zwischen einem Mitarbeiter des Teams und dem Patienten muß jedes Symptom auf seine mögliche Ursache hin sorgfältig überprüft werden. Hier haben realistische Erwartungen über das, was getan werden kann, ihren Ausgangspunkt. Nehmen wir zum Beispiel eine Patientin mit einem subakuten Darmverschluß, der von einem Eierstockkarzinom ausgeht und im ganzen Bauch Beschwerden verursacht. Wenn der Krebs sich im ganzen Bauchraum ausgedehnt hat, ist gewöhnlich eine chirurgische Therapie des Darmverschlusses nicht mehr möglich. Die Erfahrung lehrt jedoch, daß es mit Medikamenten gegen Erbrechen, Schmerzen und Koliken, die durch die Spritzenpumpe verabreicht werden, fast immer möglich ist, den Brechreiz und die durch den Darmverschluß verursachten Bauchschmerzen unter Kontrolle zu bringen. Das Erbrechen wird weniger, wenn der Brechreiz unter Kontrolle gehalten wird. Dies geschieht zum Beispiel, wenn die Patientin ermuntert wird, nach eigenem Belieben zu essen und zu trinken. Dadurch tritt das Erbrechen nur noch in Abständen auf. Die Patientin bekommt normalerweise nur Brechreiz oder ein kurz anhaltendes Völlegefühl im Magen unmittelbar vor dem Erbrechen. Das Erbrechen tritt dann nur noch selten, vielleicht einmal am Tag auf. Wenn die Patientin dann erbrochen hat, fühlt sie sich gleich wieder besser. Wird dies alles im voraus geklärt, dann wird das Erbrechen – das als ein hartnäckiges Symptom angesehen werden könnte – als nicht so schlimm akzeptiert.

Oft werden Erwartungen der Teammitglieder, des Patienten und seiner Angehörigen nicht zusammenpassen. In der Vorstellung des Patienten besteht das Team aus lauter Experten. Dies erweckt Hoffnung auf Besserung, die aber nicht mehr im Bereich des Möglichen liegt. Ein Arzt, der einmal St. Christopher's besuchte, sagte, er sei gekommen, um herauszufinden, „wie wir unseren Patienten ein Wohlbefinden vermitteln ..." Vermutlich übertrug er diese Erwartung auch auf seine Patienten! Auf der anderen Seite kann ein Patient mit sehr negativen Erwartungen belastet sein, weil er vielleicht vor vielen Jahren, bei der Betreuung eines Angehörigen mit Krebs, schlechte Erfahrung gemacht hat. Die falsche Vorstellung, daß alle Patienten mit Krebs unter schrecklichen Schmerzen sterben müssen, ist immer noch erstaunlich weit verbreitet.

Gewissenhafte Fachkräfte versuchen, dem Patienten ehrlich und realistisch zu vermitteln, welche Besserung der Symptome er erwarten kann. Doch sie werden auch von ihren eigenen Erwartungen beeinflußt, die wiederum durch individuelle Erfahrungen geprägt sind. Wir schützen uns vor uns selbst und anderen vor einem „Versagen". Doch wir verlieren das Vertrauen des Patienten und ihrer Angehörigen, wenn wir *zu* selbstgewiß sind und dann unser Versprechen nicht halten können. Wir wissen, daß Enthusiasmus und Selbstvertrauen und auch das Gegenteil davon sich auf den Patienten übertragen und einen wichtigen Einfluß auf die Wirksamkeit der vorgesehenen Behandlung haben. Deshalb müssen wir uns vor zuviel Enthusiasmus als auch vor zuviel Pessimismus hüten.

Eines unserer Teammitglieder sagte: „Wenn ich das Ganze bespreche, wird mir klar, ob meine Ziele realistisch sind." Diskussionen mit Kollegen aus dem eigenen Fach und aus anderen Fächern, die Möglichkeit, andere Meinungen von Mitarbeitern/-innen des Teams einzuholen, geben uns die Gewißheit, daß wir alle Möglichkeiten ausschöpfen. Häufig werden wir dadurch auch in schwierigen Situationen bestätigt, so daß wir uns nicht mit dem nagenden Zweifel, etwas unterlassen zu haben, belasten müssen. Dieser Vorteil, die Dinge mit den Kollegen zu besprechen, macht es ganz bestimmt leichter, Ziele realistisch zu setzen und unsere Grenzen anzuerkennen. So können wir dem Patienten gegenüber sicher auftreten und ihm zu realistischen Erwartungen verhelfen.

Das Schlimmste, was je zu einem todkranken Patienten im Endstadium gesagt werden kann, ist: „Wir können nichts mehr für Sie tun." Wenn ein Symptom sich wirklich als hartnäckig erweist, dann müssen wir einen Weg finden, damit umzugehen. Wir müssen den Patienten und seine Familie weiterhin unterstützen. Es hilft dem Patienten schon, wenn so ein hartnäckiges Symptom nicht ignoriert wird. Er sollte seine Gefühle darüber äußern dürfen. Auch wenn das betreffende Symptom nicht zum Verschwinden gebracht werden kann, so gibt es doch oft andere Möglichkeiten, das allgemeine Wohlbefinden und die Lebensqualität des Patienten zu verbessern. Wir sollten uns gewiß nicht auf das *eine*

Symptom fixieren und darüber andere Symptome und Aspekte der Patientenbetreuung vernachlässigen.

In solch einer Situation ist es natürlich, Gefühle des Versagens zu haben: Wir sollten unsere Enttäuschung ehrlich zugeben und dem Team mitteilen. So wird die Last geteilt, denn der Patient und seine Familie werden ja von mehr als einem einzelnen Mitglied im Team betreut. Wir sollten uns zwar niemals mit „hartnäckigen Symptomen" abfinden, doch dürfen wir auch nicht im Negativen hängenbleiben. Unsere Nützlichkeit und unser Erfolg zeigen sich im Ganzen: Wenn zum Beispiel ein Mitarbeiter des Teams darüber berichtet, mehrere Stunden der vergangenen Nacht mit dem besonders schweren Tod eines Patienten zu Hause verbracht zu haben, dann kann ein anderes Teammitglied sagen: „Stell dir vor, wie es ohne dich gewesen wäre." Denn das ganze Team weiß, daß der Sterbende und die Familienangehörigen ihn nötig hatten. Wenn wir manchmal unsere Zähne zusammenbeißen, um „dabeizubleiben", müssen wir es uns erlauben, diese andere für uns positive Perspektive zu sehen.

In Momenten größerer Frustration sollten wir uns auch daran erinnern, daß in der Beherrschung der Symptome dauernd Fortschritte gemacht werden. Ein neueres Beispiel ist die Behandlung des Lymphödems. Massage und eine Bandage-Technik, die von Caroline Badger zuerst erprobt und eingeführt wurde, haben bei einigen unserer Patienten wenigstens zur vorübergehenden Erleichterung dieses quälenden und entstellenden Symptoms geführt. Neugier auf neue Behandlungsmethoden und die Bereitschaft, sowohl von anderen Disziplinen als auch von anderen Fachgebieten innerhalb der Medizin zu lernen, werden dazu beitragen, daß wir immer mehr der hartnäckigen Symptome in den Griff bekommen werden.

Fachkräfte stehen manchmal vor der ganzen Enttäuschung und Wut des Patienten, der das Symptom nicht los wird, und dem Ärger der Angehörigen, die vielleicht eine größere Besserung erwartet hatten. Diese Wut ist in Wirklichkeit oft die Wut über das Symptom und über die Krankheit und über alles, was damit zusammenhängt. Das kann jedoch ganz persönlich ausgedrückt sein und so sehr verletzend wirken. In einem Team, das gut zusammenarbeitet, können solche Vorwürfe und der damit verbundene Streß wiederum mit den anderen geteilt werden. Es kann der Familie in solchen Umständen helfen, wenn ein, zwei oder mehrere Teammitglieder von verschiedenen Disziplinen den Patienten anschauen. Das gibt ihnen die zusätzliche Versicherung, daß alles Menschenmögliche getan worden ist, um diesem Patienten zu helfen.

Oft werden wir aber beeindruckt von der erstaunlichen Großzügigkeit der Patienten und ihrer Familienangehörigen. Sie erkennen nämlich an, daß wir *dabeibleiben* und sie so betreuen und unterstützen. Unsere Versagensängste sehen sie nicht. In der Tat verbringen wir wahrscheinlich mehr Zeit mit den Patienten, deren Symptome „hartnäckig" sind, als mit denen, deren Symptome sich leicht unter Kontrolle bringen lassen. Das mag eine Kompensation für unsere Hilflosigkeit sein, doch wir geben so – unbeabsichtigt und ungewollt – die am meisten geschätzte Art von Hilfe.

Bei einer kleinen Zahl von Patienten sind die Symptome nur scheinbar hartnäckig. Es lohnt sich, darüber nachzudenken, warum der Patient das Symptom braucht. Will er – bewußt oder unbewußt – etwas anderes damit bezwecken? Ein einsamer und ängstlicher Patient, der seine Gefühle nicht ausdrücken kann oder glaubt, daß niemand ihm zuhört, kann durch ein ständiges physisches Symptom Aufmerksamkeit erreichen. Ein Patient, der die „Rolle des Kranken" innerhalb einer Familie eingenommen hat und durch wiederholte Krankenhausaufnahmen in diese Rolle gezwungen wurde, braucht diese zusätzliche Aufmerksamkeit und Zuneigung der Familienangehörigen. Er wird Angst haben, dies alles zu verlieren, wenn die Symptome beherrscht und unsere Hoffnungen erfüllt werden und er wieder zu größerer Unabhängigkeit befähigt wird.

Gelegentlich kann ein Patient ein körperliches Symptom als dauernde „Zuflucht" benutzen, einfach um nicht mehr auf sein Karzinom und alle tieferen Zusammenhänge schauen zu müssen. Ein 42jähriger Mann mit einem ausgedehnten Tumor im Becken, der von einem Rektumkarzinom ausging, wurde von Durchfall aus seinem künstlichen Darmausgang gequält. Als er allmählich schwächer wurde, meinte er, daß der Flüssigkeitsverlust aus seinem künstlichen Ausgang ihm seine ganze Kraft nehmen würde. Er sagte, wenn *das* unter Kontrolle gebracht werden könnte, dann ginge es ihm wieder gut. Er wußte, daß er ein ausgedehntes Karzinom hatte, aber er war überzeugt, daß er mit dem Krebs leben könne, wenn er nur keinen Durchfall mehr hätte. Er konnte noch gut essen und trinken und war nicht ausgetrocknet. Zweifellos war sein schnell fortschreitender Krebs die Ursache seiner Schwäche. Das Ganze war eine Art Abwehr; er schützte sich selbst vor dem Schmerz und dem Ärger, die ihm die volle Wahrheit bereitet hätte. Er starb zu Hause und hielt diesen Schutzwall bis zum Schluß aufrecht, ohne je offen zuzugeben, daß er sterbe.

6
DER TEAM-SPALTER

von Helen Channon

Ein Team kann manchmal in die Lage kommen, sich mit einem „Team-Spalter" konfrontiert zu sehen. Ein Teamspalter kann sowohl aus den Reihen der Patienten/Familienangehörigen als auch aus dem Team kommen. Wenn das Team nicht gespalten werden soll, muß man dem Problem Aufmerksamkeit schenken.

Zunächst zu dem Fall, wenn ein Patient oder Familienangehöriger als Teamspalter wirkt. Wer sind diese problematischen Individuen, und wieso stören sie das Leben des Teams?

Unser Team hat festgestellt: Am wahrscheinlichsten sind es Langzeitpatienten oder sehr von unserer Pflege Abhängige, die unsere Gruppe und ihre Zusammenarbeit stören. Hauptfaktoren dafür sind, daß unterschiedliche Erwartungen und schlechte Kommunikation innerhalb des Teams dabei die Hauptfaktoren sind. Hinzu kommen fehlendes Vertrauen sowohl innerhalb des Teams als auch zwischen verschiedenen Disziplinen im Team.

Ein Patient mit einer Erkrankung der Motoneurone ist zum Beispiel wegen der Schwere seiner Lähmung *ganz* von unserer Pflege abhängig. Es ist notwendig, klar und deutlich mit dem Patienten über unsere Arbeitsweise zu sprechen und uns mit ihm auf einen Betreuungsplan zu einigen, der regelmäßig überprüft werden muß. Sonst wird es bald zu unterschiedlichen Erwartungen und Zielen kommen, die in einen Teamkonflikt münden werden.

In St. Christopher's bedeutet „Team-Pflege", daß ein kleines Team von vier oder fünf Krankenschwestern für die gesamte Pflege einer Gruppe von Patienten von der Aufnahme bis zur Entlassung oder bis zum Tod verantwortlich ist. Ein ständiger Wechsel im Einsatz des Pflegepersonals hatte zuvor zu Konflikten geführt. Sie wurden nach der Einführung der „Teampflege" reduziert. So ist es sehr sinnvoll, wenn bestimmte Arbeiten bei einem

Patienten immer von den gleichen Personen ausgeführt werden, wie zum Beispiel das Verbinden von Drucknekrosen oder die Lagerung von gelähmten Patienten.

Konflikte wurden auch dadurch vermieden, wenn wir uns mit dem Patienten und gegebenenfalls auch mit seiner Familie auf einen Betreuungsplan einigten.

Ein interdisziplinär arbeitendes Team hat den Vorteil, alle Aspekte der Pflege zu kennen. Vertrauen und eine offene Kommunikation sind natürlich die Voraussetzungen. Wie wichtig die Zusammenarbeit ist, zeigt sich besonders dann, wenn etwa die an uns gestellten Ansprüche eines Patienten oder eines Familienangehörigen die Stabilität unseres Teams bedrohen. Das kann zum Beispiel dann geschehen, wenn ein Familienangehöriger die verordneten Medikamente für die Schläfrigkeit und Verschlechterung seines Verwandten verantwortlich macht, anstatt den Zustand im Zusammenhang mit einer allgemeinen Verschlechterung des Patienten zu sehen.

Unterschiedliche Meinungen, Ziele und Erwartungen müssen zu einem Konsens geführt werden, wenn ein Team nicht gespalten werden soll. Wenn ein teamspaltender Konflikt auftaucht, ist es das beste, das ganze Team zusammenzurufen, um das Problem offen zu diskutieren und Lösungsmöglichkeiten zu finden. Danach kann der Patient und/oder der Familienangehörige mit zugezogen werden.

In der Betreuung von Langzeitpatienten ist uns klargeworden, daß wir uns als Team mit ihnen und ihren Familienangehörigen in regelmäßigen Abständen treffen müssen. Das gibt uns eine Gelegenheit, die Betreuung zu überprüfen und Beschwerden von beiden Seiten offen zu diskutieren. Das gilt auch für die Betreuung unserer Kurzzeitpatienten. Oft können dabei bislang verborgene Wahrheiten zutage treten, die zu den unterschiedlichsten Erwartungen geführt haben.

Teamspalter aus den Reihen der Teammitglieder sind allerdings problematischer.

Teamspalter aus den Reihen des Teams haben oft eine falsche Vorstellung von Teamarbeit, haben vielleicht auch früher schon schlechte Erfahrungen mit Teamarbeit gemacht. Teamspaltend wirkt auch, wenn jemand meint, nur nach seiner eigenen Weise arbeiten zu müssen, oder wenn jemand sich allzusehr auf die Patienten, für die er mitverantwortlich ist, fixiert. Oft sind es Personen, die sich folglich auch übermäßig einsetzen und damit ihr eigenes Bedürfnis befriedigen, gebraucht zu werden. Teamspaltend wirken auch diejenigen, die keine Verantwortung für das Leben im Team übernehmen wollen.

All diese Verhaltensweisen erzeugen sowohl auf seiten der einzelnen Person als auch auf seiten des Teams Wut und Frustration. Ein unsicheres Team wird einer solchen Person eher Raum geben, wird aber in der Konsequenz auseinanderfallen.

Mit einem problematischen Teammitglied umzugehen ist nicht leicht, besonders wenn es eine Profession innerhalb des Teams alleine vertritt. Im wesentlichen ist es eine Frage der Vorgehensweise. Wenn ein Problem auftaucht, sollte der unmittelbar fachlich Vorgesetzte des Betreffenden hinzugezogen werden. Ich bin als Pflegedienstleiterin natürlich für alle Probleme zuständig, die aus den Reihen der Krankenschwestern kommen. Die Kommunikation bei solchen Konflikten muß klar und eindeutig sein: Probleme müssen eins nach dem anderen behandelt werden, ohne die betroffene Person fertigzumachen.

Es ist ganz in Ordnung, daß ich zum Beispiel als die Verantwortliche des Krankenschwesternteams meine Probleme auch den Personen aus den anderen Disziplinen mitteile. Innerhalb wirklich interdisziplinärer Teamarbeit ist kein Platz für eine unangemessene Verteidigung des eigenen Berufsstandes.

Im St. Christopher's-Hospiz hat die Stationsschwester die Verantwortung für das Stationsteam. Es ist für jeden Beruf und das Team als Ganzes unbedingt erforderlich, daß eine bestimmte Person zuständig und damit ansprechbar ist. Jedes Team, besonders das labile, muß die Identität seines Leiters kennen, so daß seine eigene Identität im Auf und Ab des Alltags nicht verlorengeht.

Zum Schluß möchte ich an einem Beispiel verdeutlichen, wie ein teamspaltendes Problem gelöst werden kann.

Kurz nachdem ich Stationsschwester geworden war, kam eine Krankenschwester zum Stationsteam hinzu. In kurzer Zeit verursachte sie sehr viel Unruhe. Sie war intelligent und galt als „dynamisch". Sie hatte ihre eigenen Vorstellungen, wie die Dinge richtig anzugehen wären, und hielt sich oft nicht an Entscheidungen. Aggressiv tauschte sie sich mit Mitarbeitern ihrer eigenen Disziplin aus und redete überzeugend mit denen anderer Disziplinen. Anfänglich rief das gewisse Konflikte unter den Mitarbeitern/innen der verschiedenen Disziplinen hervor. Sie freundete sich sehr schnell mit Patienten an, blieb oft länger da, um mit ihnen zu reden und ihre Familienangehörigen zu treffen. Das führte zu Spannungen einerseits im Krankenschwesternteam und andererseits im interdisziplinären Team, denn die Patienten und ihre Familienangehörigen glaubten, daß solches Verhalten die Norm sei.

Ehe ich sie mit dem Problem konfrontierte, sprach ich mit unserem Stationsberater, der Sozialarbeiterin und der Physiotherapeutin. Ziel war, ein Weg zu finden, die Krankenschwester im Team zu integrieren. Wir kamen überein, daß mir jedes problematische Verhalten gemeldet werden sollte.

Ich traf dann die Krankenschwester, und wir einigten uns auf Verhaltensregeln. Einiges davon war für sie kein Problem, andere kosteten mehr Anstrengung. Ich erklärte ihr die Philosophie der Teamkrankenpflege und bat sie, sich mit keinem Patienten oder Angehörigen außerhalb der ihr zugeordneten Gruppe zu befassen und auch nicht außerhalb ihrer Dienstzeit. Zusätzlich begleitete ich sie durch weitere Gespräche.

Ich teilte dann den fachlich Verantwortlichen aller Disziplinen dieses Programm mit, so daß alle in dem interdisziplinären Team informiert waren.

Als sie uns verließ, um eine höhere Position einzunehmen, war diese Schwester zu einem sehr geschätzten Teammitglied geworden.

7
ÜBERFORDERUNG IN DER HAUSBETREUUNG

von Barbara Saunders

Folgende Begriffe sind in die Umgangssprache eingegangen; deshalb ist es sinnvoll zu prüfen, ob der genaue Sinn der Wörter wirklich immer getroffen wird.

- *Streß* entsteht aus der Anforderung an physische oder geistige Energie.
- *Frustration* entsteht aus dem Unzufriedensein darüber, daß Wünsche nicht erfüllt werden können.

Der Freitagabend am Ende einer arbeitsreichen Woche schien die beste Zeit zu sein, unser interdisziplinäres Hausbetreuungs-Team zusammenkommen zu lassen, um zu diskutieren, was uns zu diesem Thema einfiel. Es waren sieben Krankenschwestern, zwei Ärzte, ein Sozialarbeiter und eine Sekretärin da. Unsere Beschäftigungstherapeutin war nicht erreichbar, aber sie fügte später ein paar Ideen hinzu.

Um unsere Frustration und unseren Streß richtig einzuordnen, sollten Sie wissen, wie und wo wir arbeiten. Wir sind ein beratendes und unterstützendes Team, das in den Außenbezirken von London tätig ist. Wir besuchen Patienten mit Krebs und einige mit Erkrankung der Motoneurone, die von ihrem Hausarzt oder dem Chefarzt eines Krankenhauses zur Hausbetreuung überwiesen worden sind. Wir besuchen sie nur mit der Erlaubnis des Hausarztes.

- Wir besuchen in einem Radius von rund 11 Kilometern vom Hospiz. In diesem Umkreis wohnen ungefähr zwei Millionen Menschen. Die Wohngebiete sind gemischt. Es gibt Sozialwohnungen, kleine Häuser, schöne Mietwohnungen und repräsentative Einfamilienhäuser. Auch die Patienten und ihre Familienangehörigen kommen aus allen Schichten und verschieden großen Familien, von sehr arm bis wohlhabend. Und alle Patienten sind mit einer lebensbedrohlichen Krankheit geschlagen, und ihre nächsten Angehörigen leiden mit ihnen.

- Jeden Monat werden uns 30 bis 45 Patienten überwiesen, und wir haben immer zwischen 75 und 85 Patienten auf unserer Warteliste. Wir arbeiten im 24-Stunden-Dienst und können auf Reservebetten im Hospiz zurückgreifen.
- Wir arbeiten mit dem Sozialstations-Team zusammen. Wir übernehmen keine direkte Pflege von Patienten, aber wir bieten Rat an und Extrazeit zum Zuhören und Ausarbeiten der Familienprobleme.

Unser Team sagte übereinstimmend, daß der Streß stärker ist als die Frustrationen. Deshalb zunächst zum *Streß*.

Zeitmangel steht ganz oben auf der Liste. Es ist schwer, einen neuen Patienten, der uns wirklich brauchen würde, nicht annehmen zu können. Wir können nie sagen, die Betten sind belegt, wie das eine stationäre Abteilung tun kann. Wir mußten lernen, „nein" zu sagen, weil unser Dienst sonst an Qualität leiden würde und so völlig nutzlos würde. Doch die immer größer werdende Warteliste verursacht manchmal sicher Streß.

Nachts herausgerufen zu werden ist sehr anstrengend, besonders wenn der Anrufer z. B. von einem Telefonhäuschen aus anruft und folgende Nachricht hinterläßt: „Kommen Sie schnell, Mutter geht es sehr schlecht." Man kann nicht zurückrufen, um weitere Einzelheiten zu erfahren, weil die Familie kein Telefon hat. Es ist Mitternacht, und niemand kennt den genauen Weg dorthin. Doch die Wohnung liegt in einer Gegend, in die man nachts nicht gern allein geht. Bei einer anderen Gelegenheit gibt man Rat per Telefon, weil ein Besuch nicht nötig ist. Und dann dreht man sich im Bett von einer Seite zur anderen und denkt: „Du hättest doch gehen sollen." – „Ich habe ihn mit meinem Rat wahrscheinlich getötet." – „Ich bin einfach nur faul." In der nächsten Nacht hat man Rufbereitschaft und geht hin. Man überlegt unterwegs, ob es wirklich nötig ist, denn die Familie hat ja schließlich eine Sitzwache. Wenn man hinkommt, wird man ganz ausfällig begrüßt: „Warum haben Sie so lange gebraucht?" – „Sie ist tot." – „Gehen Sie weg!"

Es ist Streß, eine solche Wut eines Familienangehörigen abzukriegen. Und man muß sich immer fragen, welche Folgen solch ein Streß für einen selbst hat.

Wie können wir den Bedürfnissen des Patienten zuvorkommen?

- Wird sie weiterhin ihre Medikamente schlucken können? Sollte ich ihren Hausarzt fragen, Injektionen zu verordnen? Was geschieht, wenn sie ihre Morphintabletten um 22 Uhr nicht nehmen kann? Denkt der Hausarzt, ich reagiere übertrieben? Denkt die Familie, ich sei ein Panikmacher?
- Sollte ich den Sohn in Frankreich bitten, aus seinen Ferien zurückzukommen?
- Können wir ihm die Reise nach Eastbourne zumuten, um sich von seiner Mutter im Pflegeheim zu verabschieden?
- Sollte ich für heute eine Schwester für Nachtwache organisieren?
- Sollte ich dafür sorgen, daß er morgen stationär aufgenommen werden kann?
- Wie kann ich mit meinen Fehlern leben? Ich überredete ihn, für ein paar Tage zur besseren Schmerzkontrolle stationär aufgenommen zu werden, und er starb in der Zeit. Hätte er länger zu Hause gelebt? Seine Frau wollte ihn so gern daheim behalten.
- Warum habe ich ihm keine Antibiotika verordnet, wenigstens noch einmal?
- Warum habe ich nicht daran gedacht, dieses Medikament oder eine andere Behandlung zu versuchen?
- Warum habe ich nicht zugehört?
- Warum war ich ungeduldig?
- Warum kann ich sie nicht leiden?

Dann gibt es den Streß, daß es den Patienten nicht mehr bessergeht – warum müssen alle sterben?

Den Kummer der Familienangehörigen mit anzusehen verursacht sehr viel Streß. Da gibt es die Ehefrau, die mit ihm erst seit drei Wochen verheiratet ist. Ihr sterbender Ehemann war ihr „Kinder- und Jugendfreund", aber dann waren sie bis vor sechs Monaten getrennte Wege gegangen. Das wahre Glück war gerade erst gefunden, nur um jetzt wieder grausam beendet zu werden. Manchmal fragt ein Kind ganz unschuldig: „Stirbt Mama?" Was machen Sie mit diesem Schmerz?

Wie weh tut es Ihnen, wenn Ihre Kollegin Ihnen das anvertraut? – Wie können Sie ihr helfen, das zu tragen?

Die Ängste und Sorgen Ihrer Kollegin brauchen nicht unmittelbar mit den Patienten zusammenzuhängen. Es können eigene Familienprobleme sein, die da herauskommen, weil sie einfach nicht länger unter Verschluß gehalten werden können. Oder es ist das Trauma eines Autounfalls auf einer nassen Straße. Das ist noch ein zusätzlicher Streß am Ende eines arbeitsreichen Tages.

Dann haben wir noch andere Streßsituationen. Wir versuchen jederzeit eine hohe Qualität aufrechtzuerhalten. Und dann stehen wir noch unter dem Druck, an einem ganz besonderen Platz zu arbeiten, an dem wir uns keine Blöße geben dürfen.

Manchmal hospitieren Studenten bei uns. Das macht uns Freude, denn sie wollen etwas lernen. Aber das kostet Zeit. Dann haben wir den Druck, daß wir unterrichten müssen, und dazu gibt es neue Patienten, die aufgenommen werden müßten. Was ist nun am wichtigsten? Natürlich die Patienten, und so muß noch ein Abend zu Hause für die Unterrichtsvorbereitung freigehalten werden.

Jetzt kommen wir zu unseren Frustrationen: Wir bitten zum Beispiel den Hausarzt um ein Rezept, aber er will sich nicht überzeugen lassen, das von uns vorgeschlagene Medikament zu verordnen. Oder er lehnt einen Besuch ab, den wir für wichtig halten, oder er will nicht einmal unseren Besuch zulassen, wenn eine Überweisung vom Krankenhaus gekommen ist, und wir glauben, daß wir helfen könnten.

Frustrationen kommen auch durch Konflikte innerhalb des Teams zustande. Wir alle haben „freie Tage". Wir können nicht jederzeit und immer freundlich sein und auch nicht jeden jederzeit mögen. Diese Frustrationen sind durch den Streß dann noch schwerer zu ertragen.

Das Zuspätkommen bei Treffen verursacht Frustration, weil es der Gruppe nicht genügend Zeit einräumt und andere das nächste Mal auch versucht sind, zu spät zu kommen.

Dann gibt es noch die Frustration durch die, die gern abends länger dableiben und morgens vor den anderen kommen. Wie fühlt sich dabei der Rest des Teams? Vielleicht faul oder nicht gut genug!

Wie können aber diese Probleme vermieden oder erleichtert werden? Wir müssen uns daran erinnern, daß ein gewisses Maß an Streß gesund und sinnvoll ist. Es hält uns wach, hält den Wunsch nach guter Betreuung aufrecht und gibt uns Zufriedenheit im Beruf.

Die Auswahl der richtigen Teammitglieder durch eine kleine interdisziplinäre Gruppe ist der Anfang der Streßverhütung. Es sollten möglichst keine Menschen sein, die erst kürzlich einen Verlust erlitten haben, oder solche, die frühere Verluste noch nicht überwunden haben.

Die Teammitglieder müssen gute klinische und pharmakologische Kenntnisse haben und selbständig denken können; sie sollten einen Sinn für Humor haben, zuhören und sich mit anderen gut austauschen können. Natürlich müssen nicht alle Qualitäten in allen Mitgliedern vorhanden sein! Die richtige Zusammensetzung des Teams ist wichtig, die Extrovertierten und die Bedächtigen, die Leute mit Ideen und die Sensiblen mit gutem Einfühlungsvermögen für die Bedürfnisse anderer sollten sich ergänzen.

Es ist ganz wichtig, daß sie außerhalb des Berufes noch andere Interessen haben. Sie sollten daran denken, daß das Leben nicht nur aus Arbeit besteht. Körperliche und geistige Gesundheit sind natürlich vorausgesetzt, doch die anderen Interessen sind wichtig für einen gelungenen Besuch beim Patienten.

Jedes Teammitglied braucht es, aufrichtig anerkannt zu werden, und jedes braucht auch regelmäßig Lob, Anerkennung und Anleitung, um eigenes Selbstvertrauen aufzubauen. Jedes Teammitglied muß auf die Bedürfnisse der Kollegen aufmerksam gemacht werden, einmal um andere zu unterstützen, ein andermal braucht es selbst Unterstützung. Auch das routinemäßige „Kaffeetrinken" ist eine teamaufbauende Zeit. (Lassen Sie sich eine gute Kaffeemaschine und hübsche Tassen etwas kosten!) Den anderen Kaffee auf einem Tablett servieren bedeutet füreinander zu sorgen, wenn dabei abgewechselt wird. Es ist ein gewisser Streß, wenn eine immer diejenige ist, die Kaffee macht und die Tassen spült!

Zusammen feiern, an Geburtstage denken (gute Kuchenbäckerinnen sind wesentlich in einem Team). Das sind besondere Vergnügen, an denen wir uns freuen sollen. Bei den Treffen muß das richtige Maß eingehalten werden. Zusammen Weihnachten oder andere Feste zu feiern kann eine Gelegenheit sein zu zeigen, daß wir uns gegenseitig mögen.

Teammitglieder müssen sich auch Zeit für die Mittagspause nehmen. Das sind Gelegenheiten der Entspannung und des geselligen Zusammenseins, die sehr leicht verpaßt werden können.

All diese Aspekte sind wichtig, aber *das* wichtigste, um Streß zu vermeiden, ist die gute interdisziplinäre Zusammenarbeit. Das bedeutet, die Bedürfnisse von Patienten gemeinsam zur Sprache zu bringen, neue Ideen durchzusprechen, bis die beste Lösung gefunden ist, zu ermutigen, zu belehren, zu lernen, zuzuhören. Das heißt auch fähig zu sein, die fröhliche Seite des Lebens zu sehen, miteinander zu lachen, ohne die ernste und traurige Seite zu verleugnen. Offen und ehrlich mit Gefühlen, Zweifeln und Fehlern umzugehen verringert die Spannung bei den einzelnen und beim Team als Ganzem.

Die Dankbarkeit der Familienangehörigen, ihre lieben und oft ergreifenden Dankesbriefe sind eine starke Quelle der Kraft. Auch das Wissen, daß die Angehörigen lernen, ihr Leben wieder weiterzuleben, ist sehr lohnend.

Fortbildung und das Verfolgen von besonderen Interessen und Projekten kann auch Streß verhindern. Das Unterrichten selbst ist ein sehr guter Ausgleich zur Arbeit. Irgendwie wird der Streß durch das Belehren anderer, durch das Geben von Beispielen aus Erfahrungen und Fehlern heruntergespielt. Hoffentlich hält es die anderen von ähnlichen Gefahren ab. Dieses Unterrichten durch eine repräsentative Auswahl des interdisziplinären Teams und manchmal auch mit Mitgliedern des ambulanten Teams (primary care team) kann sehr effektiv zeigen, wie ein Team zusammenarbeitet.

Letztlich ist es wichtig, in Betracht zu ziehen, ob Streß und Frustration zur Überforderung führen können. In moderner Umgangssprache würde das „burn out" heißen. Das kann natürlich vorkommen und kommt vor. Es kann aber auch sicher vermieden werden, wenn geeignete, vorbeugende Maßnahmen getroffen werden; wenn Teammitglieder sorgfältig ausgewählt, ausgebildet, unterstützt und ermutigt werden; wenn sie als ein interdisziplinäres Team sich einander mitteilen lernen; wenn sie ihre und die Grenzen ihrer Kollegen kennen. Es wird dann zwar manchmal ein wenig funken, aber es wird keinen Brand geben.

8

DIE SCHWIERIGE FAMILIE

von Alison Virdee

Schon allein die Wortkombination „schwierige Familie" beschwört alle negativen Gefühle herauf, die ein Team haben kann, wenn es mit einer Familie zu tun hat, der es nicht gewachsen zu sein scheint. Warum diese Gefühle aufkommen, mag unterschiedlich sein. Das Team kann sich überfordert sehen, der Familie in ihrer Not beizustehen, ihrer Situation einen Sinn zu geben und damit umzugehen.

Im folgenden ist solch eine Familie dargestellt. Unser Team hat versucht, die entstehenden Probleme zu lösen.

Zunächt ist es wichtig, daß die klare und genaue Dokumentation der Familiengeschichte sowohl aus den ärztlichen Unterlagen als auch aus den Aufzeichnungen der Krankenschwestern jedem Teammitglied zugänglich sein muß, um die Situation zu verstehen.

Die Familienstruktur

Frau Amble, eine 58jährige Frau, litt an Lungenkrebs. Als sie bei uns eingeliefert wurde, litt sie an starker Kurzatmigkeit. Ihre Religionszugehörigkeit wurde mit „anglikanisch" angegeben, aber sie war keine Kirchgängerin. Sie war eine sehr tüchtige Hausfrau für alle Mitglieder ihrer ausgedehnten Familie, die alle noch entweder zu Hause lebten oder in derselben Straße wohnten. Ihr fiel es schwer, von anderen Hilfe anzunehmen, und konnte nicht ausruhen. Was in dieser Familie an Kommunikation geschah, ging durch sie. Bei Familienstreitigkeiten war sie die Vermittlerin.

Herr Amble war ein stiller, unentschlossener Mann, der sich immer dem Urteil seiner Frau gebeugt hatte. In dieser großen Familie schien er isoliert, und beim Krankenbesuch machte er einen unglücklichen Eindruck.

Liz, die älteste Tochter, stand ihrer Mutter *sehr* nahe und wohnte noch zu Hause. Sie konnte mit der Krankheit ihrer Mutter nicht fertig werden und schätzte die Situation unrealistisch ein.

Elly, die jüngste Tochter, war behindert und wegen einer spastischen Lähmung an den Rollstuhl gebunden. Die Mutter hatte sie ihr ganzes Leben lang betreut und alle Kämpfe mit den Sozialbehörden für sie ausgefochten. Elly hatte Schwierigkeiten mit der Körperpflege und mit dem Geld von der Sozialhilfe. Sie fühlte sich unfähig, mit beiden umzugehen.

Bill, der mittlere Sohn, hatte seit einigen Jahren ein Alkoholproblem. Er war oft betrunken und wurde wiederholt ausfallend, wenn er zu Besuch kam.

Die Enkelkinder waren größtenteils von Frau Amble erzogen worden, und die Krankheit hatte sie sehr erschüttert. Sie verhielten sich auf der Station sehr laut und störend und schienen ohne Aufsicht zu sein.

Joe (ein Jahr älter als Bill) und Sam (zwei Jahre jünger als Bill) standen sich nahe und unterstützten die Familie, die in großen Gruppen und zu den verschiedensten Tageszeiten zu Besuch kamen. Frau Amble hatte ihre Besucher sehr gern, aber sie neigte dazu, zuviel zu tun, und wurde dann kurzatmig. Die Familienangehörigen reagierten darauf erschrocken, da sie befürchteten, sie würde ersticken und plötzlich sterben.

Bei der Aufnahme wurden die ausführliche Familiengeschichte und die medizinischen Einzelheiten von einem Arzt und einer Krankenschwester aufgenommen. Das wurde als ein Stammbaum in den ärztlichen und pflegerischen Unterlagen aufgezeichnet. Telefonnummern und Adressen von Familienangehörigen, die notfalls benachrichtigt werden sollten, wurden ebenfalls notiert.

Nach ein paar Tagen mit dieser Familie geriet das Team in Verwirrung. Es fühlte sich gleichsam überrannt und wußte nicht mehr, wie der Familie zu helfen war. Die Stationsschwester entschied, die Familie Amble im wöchentlichen interdisziplinären Treffen zum Thema zu machen. Im folgenden sind einige Probleme und die daraus entstandenen Entscheidungen aufgeführt.

Diskutiertes Problem	*Entscheidung: Was soll getan werden?*
1. Die enorme Familiengröße und die Anzahl der Leute auf Station zu allen Tageszeiten. „Sie scheinen immerzu überall zu sein!" Sie stellen alle unheimlich viele Fragen und kosten das Personal eine Menge Zeit.	Das Pflegepersonal muß Regeln aufstellen, wie viele Besucher erlaubt sind, und muß einen anderen Ort bestimmen, wo die Familienangehörigen, die nicht bei Frau A. sind, sich aufhalten können. Das gesamte Personal muß akzeptieren, daß dies eine große Familie ist, und deshalb nicht in Panik geraten! Versuchen herauszufinden, wie sie zusammengehören, und sich weniger überrannt fühlen. Ein Treffen mit der ganzen Familie, dem Sozialarbeiter, der Krankenschwester und dem Arzt arrangieren, so daß alle ihre Fragen auf einmal loswerden können.
2. Die Ängstlichkeit und Atemnot von Frau A., die nicht auf medizinische Behandlung anzusprechen scheint, wird schlimmer, wenn die Familie zu Besuch kommt. Das macht den Besuchern angst, was wiederum die Patientin noch ängstlicher macht usw.	Die Physiotherapeuten sollen mit ihr das „Schritthalten" praktizieren und Entspannungsübungen anhand von Tonbändern mit ihr machen. Besuchsvorschriften werden helfen, die Situation zu beruhigen. Mit der Familie medizinische Einzelheiten von Atemnot und Ängstlichkeit in der vorgesehenen Sitzung diskutieren. Der Seelsorger soll herausfinden, ob die Ängstlichkeit auch spirituelle Anteile hat.

3. Die Kommunikation in dieser Familie ist sehr schlecht, da Frau A. immer die Hauptperson war.	Das Kommunikationsproblem muß auf dem vorgesehenen Treffen mit der Familie diskutiert werden; versuchen, die Familie dahin zu bringen, eine Kontaktperson für das Personal zu ernennen. Diese kann dann die Informationen an den Rest der Familie weitergeben.
4. Ellys Probleme mit den Unterstützungsgeldern.	Der Sozialarbeiter muß Verbindung mit dem Sozialarbeiter des Wohnbezirkes aufnehmen und Elly über die Veränderungen der gegenwärtigen Umstände vorbereiten und informieren.
5. Bills schlechtes Benehmen auf der Station.	Das gesamte Personal muß ihn genauso behandeln wie den Rest der Familie, etwa Fragen beantworten usw. Aber wenn er ausfällig und bedrohlich wird, muß die Polizei gerufen werden, um ihn mitzunehmen. Der Familie muß deutlich gemacht werden, daß wir das wirklich tun.
6. Herr A. scheint in dieser Familie isoliert zu sein.	Das ganze Team muß mithelfen, daß er sich in der Familie nicht verliert. Der Sozialarbeiter muß ihm allein Zeit widmen, um herauszufinden, wie er mit seinen Problemen umgeht.
7. Die unrealistischen Vorstellungen von Liz über die Krankheit ihrer Mutter.	Diagnose und Prognose müssen in der Sitzung diskutiert werden. Das Personal muß hinterher feststellen, ob Liz auch alles verstanden hat. Wenn nicht, muß der Sozialarbeiter weiter mit ihr sprechen.

8. Die Enkelkinder scheinen ohne Aufsicht zu sein.	Das Pflegepersonal muß den Familienangehörigen sagen, daß alle Kinder in Begleitung zu Besuch kommen müssen. Die anderen Bedürfnisse von Kindern und Teenagern müssen deutlich werden. Ein Treffen *nur* für die Enkelkinder zusammen mit einem Sozialarbeiter, einer Krankenschwester und einem Arzt veranstalten, in dem sie Fragen stellen und Kummer und Sorgen besprechen können.

Unserem Team wurde deutlich, daß wir uns erlauben mußten, einfach menschlich zu sein und zu akzeptieren, daß dieser Problemkreis einfach zu groß und komplex für uns ist. Wir können nicht allem gerecht werden. Einige dieser Probleme hatten sich schon seit vielen Jahren festgesetzt. Was wir während der Betreuung dieser Familie tun konnten, war den Schaden in Grenzen zu halten. Wir versuchten dann, einige Wege zu finden, um tatsächlich zu helfen. Wir konnten die Kommunikation innerhalb der Familie verbessern; Spannung und Angst vermindern, um die Symptome von Frau Amble zu erleichtern, und mit einigen Familienangehörigen über die bevorstehende Trauer sprechen. Wir konnten herausfinden, welche der Zuwendung die Familie wirklich brauchte. Zwei Sitzungen reichten, das Gefühl des Chaos bei den Mitarbeitern/innen zu vermindern, indem wir solche Grundregeln aufstellten. Das half dem ganzen Team, sich ruhiger, weniger überfordert und der Situation eher gewachsen zu fühlen. Wir verständigten uns darauf, wirklich nur die Probleme anzugehen, bei denen wir auch helfen konnten; und schließlich schien die Familie Amble nicht mehr ganz so unmöglich.

Die Familie akzeptierte die neuen Grundregeln. Sie verbrachte die meiste Zeit immer noch in großen Gruppen, jetzt aber im Besuchszimmer für Familienangehörige. Sie ernannten Joe als den für die Kommunikation Verantwortlichen. Als Frau Amble sah, daß ihre Familie Eigenverantwortung übernahm und gut damit fertig wurde, wurde sie allmählich weniger ängstlich. Ihr Mann schaffte es, den Wunsch zu äußern, mit seiner Frau eine Zeitlang allein zu sein. Das half beiden, einander ihre Gefühle mitzuteilen. Liz und die anderen Familienangehörigen konnten Einzelheiten über Frau Ambles Krankheit und Prognose klären. Es wurde ihnen versichert, daß sie keinen Erstickungstod erleiden müsse und daß das Personal die Schmerzen bei einer Verschlechterung kontrollieren könne. Elly hatte wegen ihrer finanziellen Probleme mehr Kontakt mit dem Sozialarbeiter ihres Wohnbezirkes. Bill kam immer noch betrunken auf die Station und wurde auch gelegentlich ausfällig, aber das Personal traute sich, ihn wegzuschicken, und er ging immer prompt.

Drei Wochen später hatte Frau Amble öfter Bluterbrechen, und ihr Befinden verschlechterte sich schnell. Sie starb 24 Stunden später sehr friedlich. Ihr Mann und die Kinder saßen an ihrem Bett. Bill konnte es nicht ertragen, dabei zu sein, und wurde deswegen vom Tod seiner Mutter per Telefon informiert.

Wenn das Team auf die Gesamtbetreuung dieser Familie zurückblickt, so ist festzustellen, daß die Zeit, die die Familie auf der Station verbrachte, doch ruhiger und positiver verlief, als die Teammitglieder befürchtet hatten. Die Einhaltung der Grundregeln, die Verbesserung der Kommunikation innerhalb der Familie führten dazu, daß Familie Amble die letzten drei Wochen so verbringen konnte, wie es jeder von ihnen brauchte, aber auch so, daß das Stationsteam damit leben konnte.

9
HILFE FÜR KINDER, AUF DIE TRAUER ZUKOMMT

von Barbara Monroe

Kinder, auf die der Tod eines Elternteiles oder eines nahen Anverwandten zukommt, rufen in uns allen starke Gefühle hervor. Sie erinnern uns an unsere eigene Kindheit, an unsere eigenen Kinder oder an die Kinder, die wir uns erhofften. Sie sind sehr verletzlich. Und wir wissen, welchen Schaden wir anrichten können, wenn wir etwas Falsches tun oder sagen. Wir wollen die Kinder schützen, aber wir schließen sie dabei oft aus und isolieren sie dadurch. Einem Kind die Wahrheit vorzuenthalten läßt es in Verwirrung zurück. Es wird so seinen eigenen Phantasien und Gefühlen überlassen. Es gibt viele Erwachsene, die durch ein mißverstandenes oder ignoriertes Trauererlebnis in der Kindheit in ihrer Fähigkeit, mit emotionalen Krisen umzugehen, tief geschädigt worden sind.

Eine Krankheit, die zum Tode führen wird, verursacht innerhalb der Familie große Veränderungen. Kinder spüren, wenn so etwas Einschneidendes geschieht. Viele Eltern, aber auch Fachkräfte wissen wenig über die Reaktionen von Kindern auf Krankheit und Tod. Ihnen davon zu erzählen schieben sie ständig auf „bis später, bis sie alt genug sind zu verstehen". Aber gerade weil Kinder nicht verstehen, was der Tod bedeutet, muß man mit ihnen darüber reden. Im Idealfall sollten sie schon vorbereitet sein, wenn der Tod eintritt. Sie brauchen die Möglichkeit, Fragen stellen zu können, Informationen und auch Bestätigungen zu bekommen, ihre Gefühle in einem sicheren Raum auszudrücken und mitzuteilen.

Diese Aufgabe, Kinder vorzubereiten, ist schwierig und emotional sehr anstrengend. Es gibt gute Gründe für die Zurückhaltung vieler Eltern, die Informationen über Krankheit und Tod ihren Kindern mitzuteilen. Es macht ihnen selbst Mühe, nicht ihre Selbstbeherrschung in einer unsicheren Situation zu verlieren. Sie wissen nicht, wie sie anfangen sollen; sie wollen ihre Kinder vor Schmerzen bewahren, und sie sind selbst traurig. Auch die Kinder wollen ihre Eltern schützen, und wenn wir sie nicht unmittelbar ansprechen, versuchen sie oft so zu tun, als ob nichts wäre.

Als Außenstehende können wir damit anfangen, indem wir den Eltern versichern, daß wir sie, ihre Sorge um ihre Kinder verstehen. Wir können ihnen behutsam deutlich machen, daß es unmöglich ist, den Kindern das Geschehen vorzuenthalten. Kinder hören Gesprächen zu, sie nehmen Gefühle wahr und reagieren auf die Körpersprache. Sie bemerken die Veränderungen im Alltag. Die Frage ist nicht, ob man überhaupt mit ihnen reden soll, sondern *wer* reden soll und *wie.* Die Frage ist, ob das Kind sich aus wirrem, unvollständigem Gerede etwas zusammenreimen muß oder ob es Informationen erhält, die mit der Situation übereinstimmen. Und am besten kommen diese Informationen von denen, die es am genauesten kennen und am meisten lieben, seinen Eltern.

Die Umgebung

Im Hospiz, im Krankenhaus oder auch zu Hause sollte eine Umgebung geschaffen werden, die Kinder nicht ausschließt. Kinder sollten allein schon durch die Umgebung eingeladen sein, sich am Geschehen zu beteiligen. Ideen brauchen nicht teuer zu sein: So können in der Eingangshalle des Hospizes oder im Eingangsbereich der Station Zeichnungen von Kindern ausgestellt werden. Es sollten einige Kinderstühle, ein abgegrenzter Platz oder zumindest ein Karton mit Spielzeug vorhanden sein. Spielen und besonders auch Malen hilft den Kindern, ihre Gefühle auszudrücken und mit ihnen umzugehen. Es sollten genügend Malpapier und Malstifte zur Verfügung stehen, eine Puppe mit Puppenbett, auch ein Erste-Hilfe-Kasten sollten nicht fehlen. Mit Videos und Tonkassetten können sich kleinere und größere Kinder still beschäftigen. Im Krankenzimmer sollte Eltern und Kindern die Stelle in der Nähe des Bettes gezeigt werden, die ausdrücklich für Bilder, Briefe und Karten reserviert ist, die dort aufgehängt werden können.

Nicht alle Kinder wollen still am Bett sitzen, und einige finden es schwer, sich mit den Kranken zu unterhalten. Größere Kinder möchten vielleicht ihre Hausaufgaben mitbringen. Einige schreiben lieber, als zu einem Besuch zu kommen. Kleinere Kinder schicken vielleicht gern eine Tonkassette mit einem selbst vorgetragenen Gedicht oder einem selbstgespielten Musikstück. Das alles sind Anregungen, mit denen man die Bedürfnisse der Kinder herausfinden und treffen kann.

Informationen

Auf Eltern wirkt es oft beruhigend, wenn sie daran erinnert werden, Fragen der Kinder erst dann zu beantworten, wenn sie auftauchen: Das Kind gibt das Tempo an. Kinder sollten nicht gedrängt werden zu reden. Es sollte ihnen auch nicht mit ausführlichen medizinischen Einzelheiten angst gemacht werden. Informationen müssen klar, einfach, wahrheitsgetreu und nachdrücklich vermittelt werden. Es ist sinnvoll, die Dinge zu erklären, die die Kinder schon selbst beobachtet haben. „Hast du bemerkt, was mit Mama anders ist?" – „Sie schläft viel und hat keine Haare mehr." Wir bestätigen damit die Wahrnehmungen des Kindes, und wir finden heraus, was es bis jetzt verstanden hat, und mögliche falsche Vorstellungen werden korrigiert. Wir sollten jedoch immer daran denken, daß nicht nur Fakten, sondern auch die Gefühle wichtig sind. Informationen sollten nach und nach gegeben werden. „Mama ist sehr krank. Mama ist so krank, daß die Ärzte sie ganz bestimmt nicht wieder gesund machen können. Mama ist so krank, daß *wir* sie nicht wieder gesund machen können. Mama ist so krank, daß sie sterben wird." Wir sollten Kinder nicht anlügen und nichts versprechen, was wir nicht halten können: „Wir werden Mama wieder gesund machen." Ein Kind wird dann in einer Welt, die voller Schrecken ist, keinem mehr trauen können.

Oft ist für ein Kind gut, die Fragen, die es hat, aufzuschreiben. Eltern und Fachkräfte können dann auch überlegen, wie sie darauf antworten. In Gegenwart eines Elternteils, Sozialarbeiters, eines Arztes oder einer Krankenschwester kann das Kind dann fragen. Der siebenjährige Mark, dessen Vater an einem Hirntumor starb, wollte zum Beispiel wissen:

„Kannst du das schlechte Ding in Papas Gehirn stoppen?"

„Kann Papa heimkommen?"

„Was passiert mit Papas Herz?"

Einige Ausdrücke über den Tod können nur verwirrend wirken. Der Satz: „Papa ist eingeschlafen", kann zu der Antwort führen: „Dann werde ich die ganze Nacht aufbleiben." Erklärungen sollten einfach und sachlich sein, etwa: „Wenn einer stirbt, hört sein Körper auf zu arbeiten." Das Team sollte sich über die Religiosität und den Glauben der Familie informiert haben, um nicht ungewollt damit in Konflikt zu geraten.

Beruhigen und versichern, daß jemand dasein wird

Kinder, auf die der Tod eines Elternteils zukommt, brauchen die Zusicherung, daß für sie gesorgt sein wird. Sie werden sich in jedem Fall fragen, wer sich nun um sie kümmern wird, wer sie zur Schule bringen wird oder wer kommen wird, wenn sie nachts weinen. Es ist Kindern und Eltern eine große Erleichterung, wenn diese quälenden Fragen angesprochen werden. Michael, 10 Jahre alt, und Lucy, 6 Jahre, trafen sich mit dem Arzt, einem Sozialarbeiter, dem Vater, der Großmutter und der sterbenden Mutter. Der Vater der Kinder sagte, er wolle ein Kindermädchen suchen, und die Mutter stimmte dem zu. Die Großmutter versprach den Kindern, während der Ferien bei ihnen zu bleiben. Ganz wichtig war auch, daß der Vater auch das erwähnte, was sich nicht ändern würde, zum Beispiel, daß er weiterhin mit ihnen am Wochenende zum Schwimmen gehen würde.

Kindern muß unbedingt klar und deutlich gesagt werden, daß Krebs nicht ansteckend ist und daß sie oder andere Verwandte nicht daran erkranken und sterben müssen. Sie müssen wissen, daß nicht von allen Medikamenten die Haare ausfallen. Mark mußte wissen, daß das Aufbrausen und die Aggressionen seines Vaters von seinem Hirntumor verursacht waren und nicht irgendein „schlechtes" Benehmen von ihm daran schuld war.

Jugendliche brauchen besondere Hilfe. Es ist hart, einen Elternteil gerade zu dem Zeitpunkt zu verlieren, wenn man versucht, sich selber abzulösen. Für Jugendliche kann es wichtig sein, allein mit dem Arzt über ihre Ängste und Sorgen zu sprechen: „Warum wurde der Krebs nicht früher entdeckt?" – „Was heißt Blockade?" Und sie brauchen Hilfe, um ihre Gefühle ausdrücken zu können: „Und was passiert mit mir?" Ihnen sollte auch versichert werden, daß es durchaus normal ist, sich über diese Störung in ihrem Leben zu ärgern.

Es sollte auch kein Tabu sein, den eigenen Kummer und die eigene Trauer den Kindern zu zeigen. Kinder lernen zu trauern, indem sie andere beobachten. Sie sollten trösten dürfen und getröstet werden. Eltern muß gesagt werden, daß sie ruhig vor den Kindern weinen dürfen: „Ich weine, weil ich traurig bin, daß Papa so krank ist." Zwar sind Kinder auch in ihrer Trauer in erster Linie auf ihre Eltern bezogen, doch auch andere können helfen. Wir können trauernde Eltern anregen, bei der Betreuung ihrer Kinder andere nahestehende Erwachsene mit einzubeziehen wie Lehrer, Verwandte, Jugendgruppenleiter usw.

Eltern sollten darauf vorbereitet werden, daß manch verändertes Benehmen ihrer Kinder mit der Trauer zusammenhängt. Die Trauer eines Kindes zeigt sich oft eher im Verhalten als in Worten. Wut kann sich zum Beispiel in Bettnässen oder Rebellion gegen einen Lehrer äußern. Alpträume, schlechtes Konzentrationsvermögen und eine niedrige Frustrationsschwelle sind durchaus normal.

Gefühle ausdrücken

Die Kinder sollten merken, daß wir ihren erlittenen Verlust sehen. Auch Kinder brauchen die Gelegenheit, sich zu verabschieden; so wie das kleine Mädchen, das ihren sterbenden Vater besuchen kam und ihm ihren Spielzeughasen daließ, um „auf ihn aufzupassen". So wurde er später mit ihm beerdigt. Das Mädchen erwähnte nachher noch oft, daß sie sehr zufrieden sei, sich so von ihrem Vater verabschiedet zu haben. Es half bei der Bewältigung der Trauer. Eltern wissen oft nicht, ob sie Kinder bei der Beerdigung mitgehen lassen sollen. Wir können ihnen helfen, dem Kind zu sagen, was bei der Beerdigung passiert. So kann es selbst entscheiden, ob es dabeisein will. Kinder können im allgemeinen gut mit Dingen umgehen, auf die sie vorbereitet wurden: „Auf einer Beerdigung kommen die Menschen zusammen, die sich um Papa gesorgt haben und die vom ihm Abschied nehmen wollen. Papa wird in einen besonderen Kasten gelegt, den man Sarg nennt." Wenn Kinder nicht an der Beerdigung teilnehmen, sollte man ihnen erzählen, was dabei passiert ist.

Kinder bei der Betreuung der Patienten zu beteiligen vermittelt ihnen die wichtige Erinnerung, geholfen zu haben. Man sollte ihnen zeigen, wie sie etwa bei den Getränken oder bei der Pflege der Blumen helfen können. Das gesamte Personal sollte sich der besonderen Mühe unterziehen, sich den Kindern vorzustellen, und ihnen erklären, was jeweils geschieht: „Was ist eine Spritzenpumpe, und wie funktioniert sie?" Die meisten Kinder finden die Technik faszinierend. Erklärungen helfen, eine fremde Welt zu verstehen. Kinder können angeregt werden, ein Heftchen anzulegen, in das sie hineinschreiben und malen. Sie können dann mit ihren Eltern darüber sprechen. So kann der Einstieg in ein schwieriges Gespräch erleichtert werden. „Schreib doch einmal die Namen der Leute auf, die bei Mamas Pflege helfen. Hast du nicht Lust, ein Bild von Mama zu malen? Wo ist Mama krank?"

Ganz schwierig wird es für das Personal, wenn ein sterbender Elternteil sein Kind nicht sehen möchte. Der Kummer kann sie so überwältigen, daß sie sich einfach zurückziehen müssen. Sie brauchen Hilfe in ihrer Qual und unser Verständnis, daß wir ihre Handlungsweise nicht „unnatürlich" finden. Für manche Eltern ist es dann eine Möglichkeit, ihre Kinder anzurufen oder einen Telefonanruf oder einen Brief von ihnen zu bekommen. Andere Patienten wollen in ihrem Elternsein bestärkt werden. Sie wollen Kassetten mit Geschichten für ihre kleinen Kinder besprechen, damit sie sie zu Hause hören. Sie überlegen, welches besondere Geschenk sie ihrem Kind hinterlassen sollen: eine Lieblingshalskette, eine Armbanduhr oder ähnliches.

Eltern sind Partner

Es ist nicht unsere Aufgabe, den Eltern alles abzunehmen. Sie kennen ihre eigenen Kinder am besten, und es ist ganz wesentlich, daß wir ihnen von gleich zu gleich begegnen. Viele Eltern wollen nicht, daß wir uns mit ihren Kindern direkt befassen, aber Vorschläge sind ihnen willkommen. Wenn man etwa von Erfahrungen mit anderen Eltern berichtet, können sie für sich entscheiden, was für sie am besten ist. Dringlich ist für Eltern die Frage: „Was sollen wir sagen, wenn ...?" Vielleicht kann eine Liste mit Büchern, die sie mit ihren Kindern lesen können, hilfreich sein; vielleicht brauchen sie Literatur darüber, wie Kinder trauern.

Wenn wir mit den Kindern in Anwesenheit der Eltern reden, können wir zeigen, wie man es machen kann. Eltern wollen das Beste für ihre Kinder und lernen sehr schnell. *Eine* direkte Unterhaltung zwischen einer Krankenschwester und einem Kind angehört zu haben kann ihnen schon Mut machen, selbst weiterzumachen. Wir müssen die Eltern auch bitten, nicht zu hart gegen sich selbst zu sein und sich nicht zu verurteilen, wenn sie etwa das Kind anschreien. Das kann durchaus passieren, wenn man so unter Streß steht.

Die Gefühle des Personals

Letztlich müssen wir auch an unsere eigenen Gefühle denken. Wenn wir mit Kindern zu tun haben, auf die der Verlust eines nahen Angehörigen zukommt, so bedeutet das einen erheblichen emotionalen Schmerz. Über so etwas sollte im interdisziplinären Team miteinander gesprochen werden, nur so kann man sich gegenseitig stützen. Wir und auch die Eltern müssen uns immer wieder vor Augen halten, daß die Kinder weiterleben werden. Kleine Hilfen können schon ausreichen, damit aus trauernd hinterbliebenen Kindern glückliche und gesunde Persönlichkeiten werden.

10
KEINE ANTWORTEN HABEN

von Leonard Lunn

Alexis Sorbas:	Warum sterben die Jungen? Warum stirbt überhaupt jeder? Sag es mir.
Der Gelehrte:	Ich weiß es nicht.
Alexis Sorbas:	Was nützen dann all deine verdammten Bücher? Wenn sie dir das nicht sagen, was zum Teufel sagen sie dir denn?
Der Gelehrte:	Sie erzählen mir vom Leiden an der Qual des Menschen, diese Fragen nicht beantworten zu können.

Es war für mich schwer, einen rechten Anfang zu finden. Drumherum zu reden ist für mich nichts Neues. Doch hier stehe ich vor etwas ganz anderem. Als ich mit einem Kollegen über mein Problem sprach, meinte er sehr weise, daß es vielleicht mit dem Thema selbst zusammenhängt. Und es könnte schon helfen, das Problem klar zu sehen. Er hatte recht. Ich muß hier über etwas schreiben, von dem ich sagen muß: „Ich weiß es nicht." Und wie Sorbas habe ich mich gefragt, was der Sinn eines weiteren „verdammten Buches" oder vielmehr Kapitels ohne Antworten ist.

Und das ist natürlich ein Problem für alle, die mit Sterbenden und denen, die sie lieben, arbeiten. Wir wagen es, in ein weites Land zu gehen, das an Himmel und Hölle grenzt. Wir lernen auf tausend verschiedene Arten zu sagen: „Ich weiß es nicht." Wir lernen damit zu leben, keine Antworten zu haben. Aber wir haben hoffentlich mehr als ein leeres Schweigen zu bieten. Ich glaube, die meisten von uns haben große Angst und schämen sich heimlich bei dem Gefühl, daß wir keine Antwort haben. Doch wenn wir nachdenken, wissen wir genau, daß es wohl überhaupt nur wenige Antworten gibt.

Es quält, keine Antwort zu haben. Das betrifft nicht nur die Leidenden selbst, sondern alle, die mit dem Leiden konfrontiert sind. Zu ihnen müssen wir sagen: „Ich weiß es nicht." Dabei kann man sich sehr verlassen fühlen.

Das Gute in der interdisziplinären Zusammenarbeit im Hospiz ist aber, daß nicht jeder für sich allein sagen muß: „Ich weiß es nicht." Das rettet uns. Und oft überleben wir nur, weil wir zusammen antworten können. In der palliativen Betreuung liegt ein großer Teil der Antwort: Es ist eine gemeinsame, professionell gemachte Arbeit. Sie umfaßt Symptomkontrolle, Krankenpflege, Beratung und die spirituelle Versorgung und noch mehr. Mit dieser Arbeit können wir zwar nichts erklären, aber wir kommen vielleicht einer Antwort nahe. Alles, was unsere Antwort ausmacht, scheint sich in einer „Atmosphäre" zu äußern, in der sich zeigt, daß spirituelle und philosophische Fragen plötzlich eine ganz prosaische Antwort finden. Diese ganzheitliche Antwort sollte verhindern, professionelle Hierarchien oder spirituelle und intellektuelle Überheblichkeiten zu entwickeln. Wir haben zum Beispiel erfahren, daß die Liebe Gottes durch eine erleichternde Injektion vermittelt werden kann oder auch darin, wie wir eine Tasse Tee anbieten. Die Art und Weise, wie man einer Person zuhört und wie gründlich ihre Fragen beantwortet werden, kann eine gewisse Antwort geben. Eine angemessene Reaktion gibt nämlich dem Fragenden und der Frage Wert und Bedeutung. Die Fragen auszuhalten bedeutet bei dem Schmerz bleiben. Die fragende Person weiß meistens schon, daß es auf Sorbas' Frage keine Antwort gibt. Doch es ist ganz wichtig, die Frage ernst zu nehmen und darüber zu sprechen. Und das interdisziplinäre Team versucht, auf verschiedene Weise zu zeigen, daß es mit den Betroffenen ist und daß es sich einfühlt. So entstehen menschliche und professionelle Antworten.

Die Fragenden sind nicht mehr isoliert und völlig allein mit ihrer Frage.

Keine Lösung für das große Rätsel zu haben ist nicht dasselbe wie keine Antwort zu haben. Unsere Angst vor den verzweifelten

Fragen derer, die wir betreuen wollen, kommt meistens daher, daß wir meinen, von uns würde eine verbale, durchdachte Antwort zu den letzten, endgültigen Fragen des Lebens erwartet. Und wie auch der Fragende wissen wir, daß das zuviel verlangt ist. Doch es sieht schon anders aus, wenn wir statt uns zu fragen: „Was kann ich sagen?" überlegen können: „Wie kann ich reagieren?" Dann ist es leichter, keine Antwort zu haben. Dann sind wir frei, uns denen in Schmerzen zuzuwenden. *Die* Antwort, die in der Arbeit eines interdisziplinären Teams, die im geschulten Wissen und der Freundlichkeit, dem Können und der Höflichkeit, der Objektivität und auch der Demut liegt, wird gehört. So fügt sich viel zusammen. Und manchmal ahnen wir gar nicht, wieviel aus einem Satz herausgehört werden kann.

Wir alle wissen, daß die großen „Warum-Fragen" nicht endgültig zu lösen sind, aber unsere gemeinsame interdisziplinäre Antwort kann Sinn in unerklärliches Leid bringen. Wenn man einem Patienten, der sagt, „es ist unfair", zustimmt, dann gibt ihm das etwas Frieden in seiner eigenen Antwort. Es ist merkwürdig, von Sinn zu reden, wenn man ein Gefühl der Sinnlosigkeit bestätigt. Es bedeutet aber, den Patienten dort abzuholen, wo er ist. Wenn er ständig nach irgend etwas sucht, das ihm seine Situation als „gerecht" erscheinen läßt, wird er sich immer weiter quälen.

Als eine junge Mutter mich anschrie: „Warum, warum muß ich jetzt sterben? Ich war acht Jahre alt, als meine Mutter starb, und ich weiß, was meinen Kindern bevorsteht", wußte ich, daß ich keine Antwort hätte. Sie fragte nach etwas Tieferem. Beratung durch die Sozialarbeiterin und die Arbeit der Krankenschwestern halfen ihr, Gefühle auszudrücken und damit umzugehen. Sie brauchte mich als Seelsorger, damit ich ihre Frage annehme, mit ihr zu leben und sie nicht allein zu lassen. Das tat ich, und mir war auch klar, daß ein Bestandteil der Antwort, weil sie Christin war, in Gebet und Sakrament ritualisiert werden mußte. Dieser Prozeß erinnert mich immer an das Gedicht von R. S. Thomas „In der Kirche", das einen Geistlichen in der Kirche zeigt, nachdem alle weggegangen sind:

„Die Fledermäuse nehmen wieder ihre Arbeit auf.
Das Unbehagen der Kirchenbänke hört auf.
Da ist kein anderer in der Dunkelheit als das
Geräusch eines Mannes – atmend – seinen Glauben
auf Leere prüfend – und er nagelt seine Fragen –
eine nach der anderen – an das leere Kreuz."

Überall, wo Leid ist, nicht nur in Hospizen und Krankenhäusern, ist diese Erfahrung zu machen. Und sie ist ganz bestimmt nicht nur auf die Seelsorger beschränkt. An solchen Orten hat die Kapelle auch die Funktion, dem eigenen und gemeinsamen Zorn, Verstörungen und Fragen Raum zu geben. Man findet dort einen Adressaten. Das macht Gott zu einem hilfreichen Mitglied des interdisziplinären Teams. Und die, die nicht an Gott glauben können, mögen dort immer noch den Ort finden, wo sie ihre Klage äußern können.

Fragen, in denen irgendwie das Thema Schuld anklingt, sind mit der Suche nach Sinn verbunden, etwa: „Werde ich bestraft?" – „Was habe ich getan, um das zu verdienen?" Oder: „Kann ich die Sache mit Gott wiedergutmachen?" – Diese Fragen stellen Menschen, die um etwas Hilfe bitten, unterwegs zu dem Ziel, sich angenommen zu wissen. Die Herkunft des Fragenden und der Zusammenhang der Frage werden uns sagen, wie wir antworten können. Von einem Seelsorger wird eine spezifisch religiöse Antwort erwartet, die Rituale einschließt. In anderen Situationen werden die zwanglose Unterhaltung mit einer Krankenschwester oder die beratenden Fähigkeiten eines Sozialarbeiters gebraucht. Zu sehen, an wen die Frage gerichtet ist, kann aufschlußreich dafür sein, auf welcher Ebene und in welchem Stil eine Reaktion erwartet wird. Der Patient im Bad, der zu einer Krankenschwester sagt: „Schauen Sie mich an, wie ich aussehe, wie kann Gott das zulassen?", will eine andere Reaktion als der Patient, der den Seelsorger in seinem Sprechzimmer aufsucht. Ich werde nie vergessen, als mich einmal ein Arzt bat, zu einer Patientin zu gehen, die beichten wolle. Doch es stellte sich dann heraus, daß sie mich gar nicht brauchte, weil sie aus ihrer Sicht bereits bei dem Arzt gebeichtet hatte. Der Arzt konnte es kaum glauben, daß er selbst ihre Bitte erfüllt hatte, und erst recht nicht, daß er eine Absolution ausgesprochen hatte.

Diese Begebenheit illustriert, wie wir einander helfen müssen, auf die Fragen richtig zu hören. So finden auch die Mitarbeiter/-innen, die nicht professionell seelsorgerlich tätig sind, den Mut, auf spirituelle Fragen zu reagieren.

Eine spezifische religiöse Antwort auf die Frage nach Schuld und Vergebung hängt davon ab, was für die betroffene Person angemessen ist. „Ich werde den Seelsorger rufen", ist meistens nicht die beste spontane Antwort.

Eine ältere Patientin von uns sagte kürzlich zu einem der Seelsorgsassistenten, daß sie alle Dinge geordnet hätte, und „jetzt will ich meine Angelegenheiten mit Gott in Ordnung bringen, was muß ich tun?" Diese direkte Frage ist komplexer, als es scheint. Schließlich kam heraus, daß diese Dame etwas Liturgisches und Zeremonielles wollte – und das war überhaupt nicht das, was ihrer Herkunft nach zu erwarten war. Ich war in Urlaub, und der Priester, der mich vertrat, besprengte sie mit Weihwasser, salbte sie und betete für sie. Er vollzog das Ritual in einer Art und Weise, wie wir es wohl nur sehr zögernd getan hätten. Doch es war genau das, was sie brauchte. Dieses Beispiel zeigt, daß viele Menschen bestimmte Fragen durch Rituale und Symbole beantwortet haben wollen. Die alten Worte und Praktiken haben die Macht, einige der tiefsten Bedürfnisse der Leidenden anzusprechen. Und auch die verschiedenen Mitglieder des interdisziplinären Teams bestätigen, daß wir den Sterbenden so am wirksamsten beigestanden hätten. Krankensalbungen, Handauflegungen, Taufen, Konfirmationen, Kommunionen, Trauungen und Beerdigungen können jeweils so stattfinden, daß die zentralen Lebensfragen getroffen werden. Sie haben ihre Bedeutung darin, daß sie Sakramente für die Lebenden sind, auch wenn einigen der Tod unmittelbar bevorsteht. Es ist manchmal nicht möglich und auch nicht richtig, sich in die Antworten, die die Sterbenden für sich finden, einzumischen. Sie sehen und berühren ganz bestimmt eine tiefere Wirklichkeit als wir, die wir noch weiter zurück sind auf dem Weg; und das ist *ihr* besonderes Privileg, das geschützt werden muß. Genauso wie die Schmerzen und Fragen ihnen gehören, gehören ihnen auch die Antworten, die ihnen zuteil werden.

Ein anderer Fragenbereich konzentriert sich auf das, was danach kommt: „Gibt es einen Himmel und eine Hölle?" – „Wie wird es dort sein?" Damit und auch mit folgenden Fragen verbindet sich das Bedürfnis nach irgendeiner Kontinuität zwischen diesem und einem möglichen anderen Leben. „Was wird es schon ausmachen, wenn ich nicht mehr da bin?" – „Werde ich meine Lieben wiedersehen?" – „Werdet ihr mich vermissen?"

Die mehr religiösen Aspekte solcher Fragen sind wie die meisten Glaubensfragen sehr persönlich. Und da sie an uns direkt, als Mensch ohne Rücksicht auf unseren Beruf gerichtet sind, müssen wir sie auch persönlich beantworten. Zumindest bei den Fragen, die Einzelheiten des Lebens nach dem Tod betreffen, sind ein gesunder Agnostizismus und eine gewisse Unsicherheit durchaus angebracht. Das ist glaubwürdig und echt, und wir zeigen, daß wir die Zweifel der Fragenden nachempfinden können. Zum Beispiel: „Nun, so wie ich das sehe ..." – „Na ja, ich war nie ganz sicher, aber ich meine, ich glaube ..." – „Die Bibel erklärt das nicht genau, aber es scheint mir ..." – „Ja, ich glaube an den Himmel, ich meine, es könnte so wie eine wunderschöne Landschaft im Frühling sein." Wenn wir von unseren eigenen echten Überzeugungen reden, kann durchaus Humor ins Spiel kommen. Und Ehrlichkeit ist immer überzeugender als offensichtlich dogmatische Gewißheit. So etwas macht andere Gesprächspartner willkommener. Die kürzere, weniger ausgesuchte Antwort einer Krankenschwester kann dazu tröstlicher und richtiger sein als die des „Professionellen".

Was wir glauben, ist wichtig. Doch wir müssen uns darüber klarwerden, wie wir unseren eigenen Tod sehen. So ist es viel einfacher, an einen strafenden Gott zu glauben, wenn wir ihm voraussichtlich nicht diese Woche von Angesicht zu Angesicht begegnen. Und wären wir wirklich so sicher, daß wir in den Himmel kommen, wenn wir gerade in der Situation wären, das herausfinden zu müssen? Wenn wir tatsächlich mit der Wirklichkeit unserer Patienten und Familien in Berührung kommen, dann können wir ihnen eine Antwort anbieten, die noch nachwirkt, wenn unsere Worte bereits vergessen sind. Ein Patient erzählte, der Seelsorger scheine zwar nicht viel zu wissen, wie es im Himmel sei. Aber er hätte ihm geholfen, dem Tod mit der Überzeugung zu begegnen: da, „wo ich hingehe, wird es o.k. sein". Welche Disziplin wir auch immer vertreten, es kommt auf mich, auf den Menschen, der ich bin, an. Darin liegt schon die entscheidende und authentische Antwort. Unsere Worte zählen nur erst in zweiter Linie.

Die Fragen nach einem Leben nach dem Tod und nach Vergebung können auf verschiedenen Ebenen beantwortet werden: unserem eigenen Glauben entsprechend oder in einem ganz persönlichen Gespräch unter vier Augen. In der kirchlichen Lehre werden viele Fragen, etwa ob eine erkennbare Persönlichkeit weiterlebt oder ob es die Möglichkeit der Versöhnung gibt, mit einem klaren „Ja" beantwortet. Doch die meisten Menschen, die diese Fragen stellen, wollen kein genaues Konzept. Sie suchen nach Sinn und Hoffnung, die sie in der Krise des Todes durchstehen läßt. Es kommt ihnen gewöhnlich nicht darauf an, ob wir besonders gelehrte Theologen sind. Sie stellen unsere Menschlichkeit auf die Probe. Sie suchen einen Halt, der nicht unbedingt etwas mit unseren besonderen Aufgaben zu tun hat. Obwohl solche Fragen an uns als Menschen gestellt werden, erweckt unsere fachliche Kompetenz in den verschiedenen Disziplinen bei den Betroffenen das Vertrauen, sich mit den im Dunkeln lauernden schmerzlichen Fragen zu befassen.

Menschen, die mit einem festen Glaubenssystem leben und ihren Glauben praktizieren, haben – im Gegensatz zur allgemeinen Ansicht – besondere Probleme mit den letzten Fragen. Das liegt an dem inneren und manchmal auch am äußeren Druck, Antworten parat zu haben. Ich vermute, daß dann die Religion oder auch die Anwesenheit eines Krankenhausseelsorgers genausoviel Druck wie Erleichterung bringen können. Das Schuldgefühl, keine präzisen Antworten parat zu haben, und das ungehagliche Gefühl, nun in seinem Glauben herausgefordert zu werden, kann fruchtbaren Boden zum Wachsen und Reifen erzeugen, kann aber auch sehr irritierend sein. Denn in unserer kleinen westlichen Religion ist es mehr akzeptiert, das Mysterium verstehen zu wollen, als es zu glauben. Ein professioneller Beantworter solcher Fragen, ob es nun ein Seelsorger oder eine andere Guru-Persönlichkeit ist, hat die Aufgabe, auch seine Kollegen im Team von solchen Schuldgefühlen der Unwissenheit zu befreien und sie zu vereinen im Glauben an ein miteinander geteiltes Mysterium.

Kürzlich kam ein Besucher nach St. Christopher's, um mich zu sprechen. Er erzählte mir, daß er bei seiner Ankunft durch die Kapellenfenster sah, wie Snoopy, unsere Hospiz-Katze, auf dem Altar lag und schlief. Er sagte mir, daß er meint, schon etwas Wichtiges über unsere Arbeit gelernt zu haben, bevor er zur Tür hereinkam.

Mir sagte das wieder, daß ein interdisziplinäres Team immer größer ist, als wir meinen, und auch das Ringen um letzte Fragen ist keine Entschuldigung dafür, uns selbst allzu wichtig zu nehmen.

11
VERWIRRTHEIT UND SEDIEREN

von Marie Murphy

Todkranke Menschen leiden oft unter Verwirrtheit. Cicely Saunders formuliert in der Einleitung dieses Buches, daß es uns gerade darum geht, die „Lebensqualität und zwischenmenschlichen Beziehungen zu verbessern, wenn nur noch eine begrenzte Zeit übrig ist". Die Zeitabschnitte, die einem Patienten bleiben, können eine Zeit des Wachstums und der Versöhnung für ihn und seine Familie sein, eine Zeit, Risse zu heilen und Abschied zu nehmen. Wenn die sterbende Person verwirrt ist, kann diese Zeit ihren Sinn verlieren und für den Patienten, seine Familie und alle aktiv Betroffenen eine Zeit großer Angst und Not werden. Die Erinnerungen an einen verwirrten Angehörigen können in der Trauerzeit sehr zerstörerisch sein. Und das kann durchaus die Fähigkeit beeinträchtigen, mit dem Leben und späteren Verlusten zurechtzukommen.

Eine Herausforderung, der man sich nicht entziehen kann

Auch für ein interdisziplinäres Team ist es eine enorme Herausforderung, wenn ein unheilbar kranker Patient verwirrt ist. Gerade in dieser Situation ist nicht nur unsere fachliche Kompetenz, sondern der ganze Mensch gefordert. Es tauchen verschiedene medizinische und ethische Schwierigkeiten auf, die uns zwingen, unsere Behandlungspläne immer wieder neu zu überdenken. Dazu kommt, daß Verwirrung ansteckend ist und auch auf das Team übergreifen kann: Die Ziele und Erwartungen, die in die Behandlung gesetzt werden, werden verschwommen, und die Verwirrung nimmt überhand.

Verwirrte Patienten und ihre Familienangehörigen brauchen

Betreuung in einer sicheren und geschützten Umgebung. Das betreuende Team muß deshalb einig und selbstsicher sein, sonst werden die Patienten noch verwirrter, und aus dieser Situation entsteht ein Teufelskreis.

Was ist Verwirrtheit?

Verwirrtheit verbindet nicht für alle Menschen das gleiche. Deshalb zunächst die Definition aus Butterworths „Medizinischem Lexikon":

Dort ist Verwirrtheit definiert als ein geistiger Zustand, der durch Desorientierung hinsichtlich Zeit, Ort und Person gekennzeichnet ist; dies hat zur Folge, daß Verwirrung, Ratlosigkeit und ungeordnete Gedanken entstehen sowie die Unfähigkeit, Entscheidungen zu treffen oder entschlossen zu handeln. Sie ist gewöhnlich symptomatisch für eine hirnorganische Störung, kann aber auch bei schwerem emotionalem Streß und verschiedenen anderen psychologischen Störungen vorkommen.

Viele Patienten zeigen ein bizarres Verhalten oder sind unfähig, genau und zielgerecht zu denken oder zu handeln. Charakteristisch für Verwirrtheit jedoch ist stets die Kombination mit Desorientiertheit.

Wie fühlt man sich, wenn man verwirrt ist?

Ein Modell, das zuerst auf die Schizophrenie angewandt wurde, mag Verständnishilfen geben: Man nimmt an, daß unser Bewußtsein sich aus Reizen unserer Umgebung, unseres Unterbewußtseins und unserer körperlichen Empfindungen zusammensetzt. Ein Filter kontrolliert dabei den Eintritt von Reizen in unser Bewußtsein. Normalerweise ist es möglich, den Ursprung eines Reizes festzustellen und zu entscheiden, welchen Reizen man sich zuwendet, etwa sich auf eine Blume zu konzentrieren und dabei den Vogelgesang oder die volle Blase zu ignorieren.

Man nimmt an, daß bei verwirrten Patienten der Filter, der die ankommenden Reize aus der Umgebung kontrolliert, mehr oder weniger verstopft ist. Das führt dazu, daß sie von ihrer Umgebung abgeschnitten sind. Dazu kommt, daß verwirrte Patienten ihre Innenwelt und ihre körperlichen Gefühle gesteigert wahrnehmen. Sie können das, was sich in ihrer Umgebung ereignet, fehlinterpretieren. Schon das Schlagen des Herzens kann dann Furcht erregen, und man ist den Bildern und Gefühlen des Unterbewußtseins ausgeliefert.

Stellen wir uns zum Beispiel einen älteren Mann vor, der verwirrt und wegen Harnverhaltung Schmerzen hat. Er kann plötzlich zu Tode erschrecken, wenn man sich seinem Bett nähert. Er hat nämlich Schmerzen und kann nicht entscheiden, woher sie kommen. Er hat die falsche Vorstellung, daß Sie vielleicht den Schmerz verursachen und jetzt kommen, um ihm noch mehr Unheil zuzufügen. Verwirrte Patienten sind sich zwar oft ihres Zustandes bewußt, aber unfähig, die Situation zu ändern. Sie fühlen sich von der Wirklichkeit abgeschnitten und haben nichts mehr im Griff. Das kann sie in eine so große Anspannung bringen, daß sich ihre Verwirrung noch steigert.

Sind die Ursachen wichtig?

Die Verwirrung eines Patienten kann verschiedene Ursachen haben, aus deren Zusammenspiel sich sein Zustand erklärt. Einige dieser Ursachen kann man vielleicht beseitigen, so daß die geistige Klarheit wiederhergestellt wird. Den früheren geistigen Zustand des Patienten zu kennen und die Ursachen herauszufinden, die zur Verwirrung beigetragen haben, wird helfen, die Prognose und Ziele der Behandlung zu klären. Ohne diese Kenntnisse kann das Betreuer-Team das Problem weder effektiv angehen noch den Familienangehörigen helfen. Auch für den Patienten kann es wichtig sein zu wissen, was seinen gegenwärtigen Zustand verursacht und was unsere Hoffnungen für ihn sind. Die Angehörigen des Patienten können oft sehr genaue Angaben über den jüngsten geistigen Zustand des Patienten machen, und sie wissen, ob es Veränderungen in der Medikation gab.

Die klinische Untersuchung ist unabdingbar. Um der eigentlichen Ursache auf den Grund zu kommen, sind unter Umständen auch noch andere Untersuchungen notwendig. Verwirrtheit bei sterbenskranken Patienten geht oft auf eine Kombination von Faktoren zurück. Einige Störungen der Hirnfunktion sind dabei reversibel, aber es gibt auch einige irreversible Störungen.

Wie geht man mit Verwirrtheit um?

Wenn es Ursachen gibt, die rückgängig zu machen sind, dann sollten entsprechende Anstrengungen unternommen werden. Behandlungsziel ist es, das Leid, das die Verwirrung bei Patient und Familienangehörigen verursacht, zu reduzieren und, wenn möglich, die geistige Klarheit beim Patienten wiederherzustellen.

Ist Sedieren jeweils angemessen?

Ein Team, das mit verwirrten Patienten umgehen muß, fühlt sich oft frustriert und hilflos. Es fühlt sich unzulänglich und sieht gleichzeitig die Dringlichkeit, etwas zu tun. Das führt oft zu dem Drang, gleich etwas zu tun, um die Situation zu bessern. Und darum werden oft sedierende Medikamente verordnet. Am Anfang kann dies angemessen sein, doch es sollte nicht dabei bleiben. Sie sollten Teil eines therapeutischen Gesamtplans sein.

Allgemeine Regeln

Verwirrte Patienten sind von der Wirklichkeit abgeschnitten und haben jeden Überblick verloren. Deshalb sollte versucht werden, sie wieder mit ihrer Umgebung in Kontakt zu bringen, sie langsam wieder zu orientieren und ihnen zu erklären, was geschehen ist. Äußere Reizfaktoren sollten möglichst beschränkt werden: ein gut beleuchtetes Einzelzimmer ist wichtig. Bekannte Gesichter wirken sehr beruhigend, deshalb sollten nur Familienmitglieder und nur so wenig Mitarbeiter/innen wie vom Arbeitsablauf her möglich an der Betreuung beteiligt sein. Die tägliche Zeitung, ein Kalender und eine Uhr können schon ausreichen, um leicht verwirrte Patienten wieder zu reorientieren. Schon ein schlecht funktionierendes Hörgerät kann andererseits dazu führen, daß einige Patienten ihren sicheren Halt in der Wirklichkeit verlieren.

Auch emotionale Not kann bei einigen Patienten Verwirrtheit verursachen. Für Patienten, die im Sterben liegen, kann die Wirklichkeit so schmerzlich sein, daß sie sich in sich selbst zurückziehen. Ich erinnere mich an einen älteren Mann, der an einem Prostatakarzinom mit Knochenmetastasen litt und dem es langsam schlechter ging. Er wurde ohne offensichtliche körperliche Ursache verwirrt. Als ich mich eines Tages mit ihm unterhielt, wie er seine Zukunftsaussichten einschätzte, wurde er ganz klar. Er sagte mir, er fände es „undenkbar", seine 40jährige Frau zu verlassen. Wir konnten die Realität für ihn nicht verändern. Sedieren hätte seinen Schmerz vielleicht ein bißchen gedämpft, doch er blieb einfach verwirrt, bis er starb. Ich erinnere mich an einen anderen Mann mit einem Hirntumor, der verwirrt und ganz verzweifelt wegen seiner älteren Ehefrau und ihrer Unfähigkeit war, allein zu Hause zurechtzukommen. Sein geistiger Zustand verbesserte sich deutlich, als ihm eine Krankenschwester versicherte, daß wir gut auf seine Frau aufpassen würden und ihr während seiner Krankheit und auch danach helfend zur Seite stünden.

Oft werden Patienten in den Tagen unmittelbar vor dem Tod plötzlich verwirrt. Sie erkennen, was ihr immer schwächer werdender Zustand bedeutet, und sie fürchten sich sehr. Oft glauben sie, daß in ihrer unmittelbaren Umgebung ein Unglück passiert; etwa daß ein Feuer ausbricht und alles verbrennt oder daß jemand sie umbringen will. In einer solchen Situation ist es sinnvoll, nicht direkt zu widersprechen, sondern eher die Stimmung ihrer Gedankengänge aufzunehmen; etwa so: „Ja, es hört sich so an, als ob etwas Schreckliches passieren würde." – „Ja, meinen Sie, das könnte Ihnen passieren?" – „Ja", ... und so kann man ihre Ängste mit ihnen besprechen. Das kann helfen, ihre Not und Angst zu erleichtern. Gleichzeitig kann man weiter das zu behandeln versuchen, was behandelbar ist. Viele Patienten können „glücklich verwirrt" sein, ohne wirklich darunter zu leiden. Viele andere Patienten sind jedoch aggressiv und verzweifelt. Sie können in einigen Fällen sogar sich selbst und anderen zur Gefahr werden.

Nur leicht verwirrt, aber doch in Schwierigkeiten

Solche Patienten haben im allgemeinen etwas Einsicht in ihre Verwirrtheit und sind geplagt durch dieses Wissen. Manchmal können ganz einfache Erklärungen der Ursache die Situation entschärfen: „Sie werden nicht verrückt, sondern Ihre Krankheit ist schuld, daß Sie sich jetzt so fühlen."

Wenn dies nicht ausreicht, können sedierende Mittel helfen. Eine ideale Medikation sollte aus einem oralen nicht-sedierenden Langzeitmedikament bestehen. Sie sollte darauf abzielen, eine Situation herzustellen, bei der die beruhigende Wirkung die Probleme des Patienten verringert, ohne ihn übermäßig benommen zu machen.

Erregt, unruhig und in großen Schwierigkeiten

Einige verwirrte Patienten werden sehr unruhig und hyperaktiv. In so einer Situation können sie zu einer Gefahr für sich selbst und für die, die in ihrer Nähe sind, werden. Diese Situation muß unbedingt in den Griff bekommen werden. Sanftes Zureden und Erklären kann sich als effektiv erweisen, aber sehr oft sind diese Patienten einfach „außer Reichweite". Sie fühlen, daß sie alle Kontrolle verloren haben, und reagieren vielleicht auf einen strengen, direktiven Ton. Das ist eine Notsituation, in der sedierende Medikamente angewandt werden müssen, um die Angst und Erregtheit des Patienten zu beseitigen. Man sollte dabei nur auf eine begrenzte Zahl von Medikamenten, die man gut kennt, zurückgreifen. Die Dosierung sollte sich nach der Reaktion des Patienten und nach den früheren Erfahrungen mit der Anwendung des Mittels bei ihm richten. Eine zu niedrige Dosierung kann beim Patienten das Gefühl, die Kontrolle verloren zu haben, sogar verschlimmern; deshalb muß in einer Notsituation im allgemeinen eher höher als niedriger dosiert werden.

Sobald die Notsituation bewältigt ist, müssen als nächstes die zugrundeliegenden Ursachen oder auslösenden Faktoren untersucht werden. Danach muß eine geeignete Behandlung eingeleitet werden. Leider kann man in einigen Fällen, und das betrifft besonders die Verwirrtheit kurz vor dem Tod, die Schwierigkeiten des Patienten nur unter Kontrolle bringen, indem man ihn bis in den Schlafzustand sediert.

Ethische Dilemmata

Verwirrte Patienten und ihre Angehörigen zu begleiten kann ein Team bis an den Rand der Kräfte bringen. Meistens ist es in der Palliativmedizin möglich, die Patienten an Entscheidungen zu beteiligen; sie können unter unserer Anleitung eine informierte Entscheidung für den für sie besten Behandlungsplan treffen. Bei verwirrten Menschen ist das anders. Obwohl einige verwirrte Patienten eine klare Einsicht haben und so über ihre Behandlung mitentscheiden können, ist das bei der Mehrheit nicht möglich. Das Betreuungsteam und die Familie des Patienten müssen gemeinsam entscheiden, was jeweils die beste Behandlungsmöglichkeit ist. Manchmal bedeutet das, einen Patienten, der schon ziemlich gebrechlich ist, dem Risiko einer Lungenentzündung bewußt auszusetzten. Denn Schlaf und Inaktivität, die Folgen der Sedierung sind, erhöhen dieses Risiko stark.

Verwirrtheit ist ein Symptom, an dem viele Faktoren, physische, emotionale und spirituelle, beteiligt sein können. Aus dem Gesagten sollte klar sein, wie wichtig es ist, diese Faktoren herauszufinden. Ein älterer Mann, der aufgrund eines Prostatakarzinoms an Urämie litt, wurde zunehmend erregt und paranoid. Er war praktizierender Katholik und von dem Krankenhausseelsorger einige Male besucht worden. Seine Familienangehörigen glaubten, er wolle noch einmal den Priester sehen. Der Krankenhausseelsorger wurde gerufen, und der Patient beichtete bei ihm. Daraufhin legten sich seine Erregtheit und seine Wahnvorstellungen sofort. Er blieb zwar verwirrt, aber friedlich bis zu seinem Tod, der weniger als eine Woche später eintrat. Doch für das Team ist es oft die Praxis, daß ein Patient trotz größter Anstrengungen aller Beteiligten in großen Schwierigkeiten bleibt.

Manchmal ist die Verwirrung so groß, daß eine spirituelle oder psychologische Verbindung nicht hergestellt werden kann. In diesen Fällen helfen sedierende Medikamente, die Probleme des Patienten so zu lindern, daß eine bessere Kommunikation zustande kommen kann. Es ist sehr erfreulich, wenn das gelingt. Doch wie bereits gesagt, kann es schwierig sein, eine Form der Sedierung durchzuführen, bei dem der Patient noch nutzbare Wachphasen hat.

Man kann Parallelen zwischen dem Gebrauch von Sedativa und Analgetika ziehen, die ja die körperlichen Schmerzen lindern. Die richtige Dosis des Schmerzmittels ist die, bei der die Schmerzen verschwinden. Wenn der Patient dabei schläfrig wird, so schließt das die Anwendung des Mittels zur Schmerzbehandlung nicht aus. Ähnlich ist es mit beruhigenden Mitteln; sie werden gebraucht, um Erregung und Angst zu nehmen. Die erforderliche Dosis kann einen Patienten auch schläfrig machen. In diesem Fall ist das Symptom die Angst, und das Beruhigungsmittel ist das Medikament, das die Angst wegnimmt und das unter Umständen auch Schläfrigkeit erzeugen kann.

In unserem Betreuungsteam haben wir es als hilfreich empfunden, wenn wir mit den Familienangehörigen zusammen herausfinden, ob die Zeiten, in denen der Patient wach ist, für sie von Wert sind. Steht er dauernd unter Spannung und ist verwirrt, sobald er wach ist, oder sind da Zeiten, in denen er sich noch freut? Besonders in den letzten Lebenstagen kommt es vor, daß ein Patient nur zur Ruhe kommt, wenn er schläft. Nach eingehender Erörterung mit den Teammitgliedern und der Familie wird dann beschlossen, eine Dauersedierung des Patienten durchzuführen. Das ist niemals eine leichte Entscheidung, und man ist sich bewußt, daß sich bei dem schlafenden Patienten eine Lungenentzündung entwickeln und er folglich vielleicht früher als normalerweise erwartet sterben kann. In den Richtlinien von Kennedy steht ausdrücklich: „Es ist die Pflicht eines Arztes, der Sterbenskranke behandelt, dafür zu sorgen, daß der Patient sich wohl fühlt, und das schließt Schmerzerleichterung ein. Wenn der Arzt, um Schmerzen zu erleichtern, Maßnahmen treffen muß, die den Tod beschleunigen, dann ist das erlaubt, vorausgesetzt, daß das erste und oberste Ziel des Arztes ausschließlich Schmerzerleichterung ist."

Ebenso entsteht ein Problem, wenn Patienten die Medikation verweigern. In einer Notfallsituation ist man gesetzlich abgesichert, ein Beruhigungsmittel auch gegen den Willen des Patienten zu geben. Etwa wenn ein Patient nicht in der Lage zu sein scheint, eine informierte Entscheidung zu treffen, und sich selbst und anderen zur Gefahr wird.

Patienten verweigern angebotene Medikamente auch, weil sie in ihrer Paranoia glauben, das Personal wolle ihnen Schaden zufügen. Im allgemeinen ist es unklug, die Medikamente zu verbergen und sie etwa im Essen oder Trinken zu geben, denn wenn es herauskommt, verstärkt das noch das Mißtrauen des Patienten. Nachdrückliches Zureden von seiten einer Vertrauensperson aus der Familie oder eines Mitarbeiters kann genügen. Wenn nicht, können im Falle einer Entscheidungsunfähigkeit Familienangehörige Behandlungsentscheidungen für den Patienten treffen, so nochmals die Richtlinien von Kennedy.

Obwohl diese Richtlinien theoretisch sehr hilfreich sind, bleibt in der Praxis das Sedieren von todkranken Patienten ein sehr schwieriges Problem. Zwar gehört unsere Sorge in erster Linie dem Patienten, aber wir müssen auch die Bedürfnisse ihrer Familienangehörigen, der anderen Patienten auf der Station und des an der Betreuung beteiligten Personals im Auge behalten.

Unser interdisziplinäres Team bespricht ständig solche Entscheidungen. Die Ursachen und Ziele der Behandlung zu verstehen ist für eine effektive Betreuung zentral. Die ständige Kommunikation zwischen dem beteiligten Personal, dem Patienten und seiner Familie kann viel Angst und Aufregung, die mit einer solchen Situation verbunden sind, mindern. Wir lernen immerzu von Patienten und ihren Familien. Manchmal denken wir,

wir haben es richtig gemacht – oft sind wir traurig, daß es nicht so kam, wie wir uns erhofft hatten; und ein Rückblick auf unsere Erfahrung in der Betreuung von verwirrten Patienten und ihren Familien läßt uns mit dem nächsten Fall von Verwirrtheit oft leichter umgehen.

12

WENN PATIENTEN SAGEN, DASS SIE STERBEN WOLLEN

von Cicely Saunders

Menschen, die in einem aktiven interdisziplinären Team arbeiten, finden, daß sie sowohl eine Sensibilität im Zuhören entwikkeln als auch Vertrauen, daß sie in schwierigen Situationen mit der Unterstützung der Gruppe rechnen können.

Beides wird ganz besonders dann gebraucht, wenn Patienten sagen, sie wollen sterben. Solche Bitten tauchen häufig ganz unerwartet auf, wenn man mit dem Patienten unter vier Augen ist. Dann muß man *ganz* aufmerksam zuhören, ohne zu streiten oder gar zu verurteilen. Manche benutzen diese Worte, um etwas ganz anderes zu vermitteln. Es ist wesentlich, daß der wirkliche Sinn dieser besonderen Bitte sorgfältig ans Licht gehoben wird. Das Thema sollte soweit wie möglich an Ort und Stelle geklärt werden. Dann muß sich das Versprechen anschließen, das Thema weiter zu besprechen. Man sollte auch um Erlaubnis bitten, mit dem Rest des Teams darüber reden zu dürfen. Das wird selten verweigert, denn die betreffende Person ist so verzweifelt, daß sie es nicht mehr allein ertragen kann.

Mit solcher Bitte gemeint sein kann: „Laß mich sterben" oder: „Ich möchte gern sterben" und seltener: „Töte mich." Die Antwort auf das jeweils Gemeinte wird unterschiedlich ausfallen, und die meisten Teammitglieder werden wahrscheinlich damit zu tun haben.

„Laß mich sterben!"

„Laß mich sterben" ist die Bitte, mit jeder geplanten lebensverlängernden Behandlung jetzt aufzuhören. Der Patient fürchtet sich davor, in einer Lebensqualität weiterleben zu müssen, die er nicht länger ertragen kann. Viele Menschen haben heutzutage Angst davor, unvermeidbar auf der Intensivstation mit all ihren Prozeduren zu landen und wenig oder gar nichts dagegen tun zu können. Nachdem das Team die in Betracht kommenden Behandlungsmöglichkeiten erwogen hat, muß die für den Patienten als richtig erachtete mit ihm und seiner Familie im Vergleich zu den anderen Möglichkeiten besprochen werden. Vielleicht brauchen sie auch die Zusicherung, daß die verabreichten Medikamente und Anwendungen *nur* die Symptome kontrollieren sollen und damit die verbleibende Zeit leichter machen, aber nicht verlängern sollen. Ein kompetenter Patient kann eine spezielle oder die gesamte Behandlung verweigern. Er muß aber entsprechend informiert und seine Wahl dann respektiert werden. Das versteht nicht jeder Patient. Jede Entscheidung sollte neu überdacht werden können. Es muß ihnen klar sein, daß sie frei sind, ihre Meinung zu ändern. Nur für einen Patienten, der nicht mehr dazu in der Lage ist, können Familienangehörige Entscheidungen in seinem Interesse treffen (Kennedy 1984). Ein Team muß diese Frage vielleicht ausführlich erörtern, sowohl mit als auch ohne die Familie. Niemals sollte man den höchst traurigen Satz sagen: „Da kann weiter nichts mehr getan werden." Es kann nämlich noch viel Behandlung in Form von Symptomkontrollen und allgemeiner Unterstützung angeboten werden; und das muß dem Patienten, der Familie und dem Personal vielleicht mehr als einmal deutlich gemacht werden.

Das Team sollte gleichzeitig herauszufinden versuchen, was das Weiterleben eigentlich so schmerzlich macht. Das kann aus einer Reihe von Gesprächen mit den verschiedenen Teammitgliedern herauskommen. Die Patienten haben verschiedene Fragen und diskutieren die verschiedenen Themen mit den unterschiedlichen Fachleuten. Häufig hilft es, ihnen einen Eindruck von der wahrscheinlich verbleibenden Lebensspanne zu vermitteln, denn einige Leute glauben, daß sie noch Monate so weiterleben müssen, während es sich in Wirklichkeit eher nur noch um Wochen oder Tage handelt. Und wir müssen uns gleichzeitig darüber im klaren sein, wie schwer es überhaupt ist, auf diesem Gebiet sicher zu sein. Das zu erklären kann genügen, um das Beschwerliche, das noch zu erwarten ist, zu erleichtern.

Schmerzen, Schwäche und auch das demütigende Gefühl, abhängig zu sein, das kann alles in Angriff genommen werden. Schmerzen sind offensichtlich am leichtesten zu beheben, doch das Pflegeteam kann dem Patienten auch ersparen, sich allzusehr abhängig zu fühlen, indem es bei der Pflege darauf achtet. Jemand, der sich nicht mehr ohne Hilfe im Bett umdrehen kann, kann die Erfahrung machen, daß er diese Prozedur kaum zu merken braucht, wenn sie behutsam erfolgt und wenn ihm aufmerksam zugehört wird.

Um Angstzustände zu verringern, kann es sehr wohl notwendig sein, die Patienten über die voraussichtliche Art des endgültigen Sterbens zu beruhigen und ihnen alles zu erklären. Hospizpatienten, die abseits von anderen Patienten liegen, kann es helfen, wenn sie sehen, wie andere gestorben sind. „Ich will so friedlich sterben wie die alte Dame da drüben", sagte eine ältere Frau im Vertrauen darauf, daß auch ihre letzten Symptome unter Kontrolle gehalten und auch sie nicht allein gelassen würde.

„Ich will sterben"

„Ich will sterben" ist Ausdruck einer Qual, die aufmerksames und erfahrenes Hinhören erfordert. Das Teammitglied muß unbedingt versuchen, die Gründe für diesen Wunsch zu entwirren. Oft taucht er auf, wenn eine vorausgegangene Behandlung gegen Kummer und Leid unangemessen gewesen ist und wenn nur oberflächlich zugehört wurde. Es gibt da wahrscheinlich viel emotionalen Schmerz aus der Vergangenheit, den man nur erraten kann. Der Arzt muß analysieren und die Symptome behandeln und die Krankenschwester die Behandlung überwachen. Hier sind jedoch der Sozialarbeiter oder das Seelsorgsmitglied des Teams angesprochen, die beide an negative Gefühle oder Verzweiflung gewöhnt sind. Ihre Aufgabe ist es jedoch, beim Ausdruck solcher Gefühle zu helfen. Ihre verletzende Kraft kann dadurch vermindert werden. Um mit dem Gesagten zurechtzukommen, braucht der Helfer vielleicht die Diskussion mit anderen Teammitgliedern. Manchmal kommt eine Depression zum Vorschein, die behandelt werden kann. Oft reicht es schon, wenn der Patient erkennt, daß er weiterhin besucht und betreut wird, ganz gleich, was gesagt wurde. So wird er allmählich von seinem persönlichen Wert überzeugt. Man kann einer anderen Person nicht vermitteln, welchen Sinn es hat, die letzte, verbleibende Zeit *aus-zu-leben*. Sie müssen das selbst herausfinden, und das tun sie auch häufig. Wir können das Gefühl, wertlos zu sein, lindern helfen. Ein sehr stark verändertes Körper-Bewußtsein, die quälende Sorge, eine übernommene Verantwortung nicht mehr erfüllen zu können, das verhaßte Gefühl, nach einem aktiven Leben nun passiv sein zu müssen, das alles kann als *die* Last, die es einfach ist, erkannt werden. Die Fähigkeit und die nur zu bewundernde Ausdauer, mit solchen Widrigkeiten umzugehen, können von einem Teammitglied gefördert werden, das die Fähigkeit hat, am Bett zu sitzen, ohne fertige Antworten zu haben. Aber dieser Mensch braucht dann hinterher in seiner eigenen Suche nach Sinn die Unterstützung des übrigen Teams. Sich einer solchen Situation immer wieder auszusetzen kann in der Isolation von Hausbetreuung äußerst schwierig sein. Denn man ist dabei ja allein. Und wenn man weiterhin wirklich ganz *da-sein* will, sind solche Besprechungen im Team unbedingt notwendig.

„Töte mich!"

Die spezifische Bitte „Töte mich" oder „Mein Vater sollte nicht mehr aufwachen" kommt immer noch äußerst selten vor trotz der – oft verworrenen – Aufmerksamkeit, die die Medien diesem Thema widmen. Die betroffene Person weiß fast mit Sicherheit, daß wir dies nicht tun können, sie ist sich aber vielleicht doch nicht ganz gewiß. Wir müssen eine klare Antwort geben, und diese ganz bestimmte Stellungnahme vermittelt eine eigene Sicherheit. Ich betone noch einmal: Das jeweilige Teammitglied muß zuhören und zeigen, daß die Verzweiflung erkannt und verstanden wird, die zu dieser Bitte geführt hat. Wir wissen, daß sie auf unbewältigte Ängste zurückführen kann oder – nur allzu verständlich – die Folge einer unzureichenden Schmerzbehandlung ist. Es muß alles, was in der palliativen Behandlung getan werden kann, angeboten und mit dem Versprechen verbunden werden, daß das unter gar keinen Umständen aufhört oder daß der Patient allein gelassen wird. Einige brauchen die Beruhigung, daß der Tod selbst ganz einfach kommen wird, wenn es gute Betreuung gibt. Und die Befreiung von Schmerzen kann dazu führen, daß die Bitte immer schwächer und schließlich vergessen wird.

Der Arzt oder die Krankenschwester dürfen nichts mit der primären Absicht tun, den Tod des Patienten zu verursachen (Kennedy 1984). Sie können dem Patienten helfen, mehr zu schlafen, wenn er es wünscht. Sie dürfen ihn aber nicht bis zum permanenten Koma sedieren. Das muß klar und deutlich erklärt und mit dem Patienten, seiner Familie und dem Team besprochen werden. Das Team muß zu jeder Zeit wissen, was sie tun und warum sie es tun. Die Pflege, das Anbieten von Getränken usw. müssen in die Zeiten fallen, in denen der Patient wach ist. Das Team muß jederzeit bereit sein, die Situation neu zu überprüfen. Einige der wenigen, die die Bitte nach aktivem Töten stellen, werden es ablehnen, mehr zu schlafen, aber sie müssen wissen, daß das Angebot bleibt und sie ihre Meinung wieder ändern können.

Gelegentlich einmal gibt es Bitten von seiten der Familienmitglieder, mit denen man sich wirklich auseinandersetzen muß. Es kann dazu beitragen, Unstimmigkeiten zu lösen, wenn sie ihre Wut ausdrücken können. Doch das muß nicht immer der Fall sein. Das Team als Ganzes muß dann seine Gefühle untereinander austauschen und so die Erfahrung machen, daß die Stärke der zusammenhaltenden Gruppe größer ist als die einfache Summe ihrer Teile. Anläßlich einer sehr seltenen und daher außergewöhnlichen Begebenheit, als die Gruppe sich wegen eines solchen Notfalls versammelt hatte und die Stärke erkannte, die der vorher nicht diskutierte Konsens ihr gebracht hatte, stellte eine Sozialarbeiterin den Unterschied zwischen individueller Ethik und der Ethik einer Institution heraus. Die fordernde Person wurde weder mit Beschuldigungen noch mit Argumenten konfrontiert. Die Patientin selbst war eher ambivalent eingestellt, obwohl sie sehr verzweifelt war. Die Entlassung aus dem Hospiz und eine Hausbetreuung wurden veranlaßt, aber die Patientin wünschte nach einer kurzen Zeit, wieder ins Hospiz zurückzukommen, und starb – ohne physische Qualen – drei Wochen, nachdem das Team mit der Bitte konfrontiert worden war. Sie kam mit ihrer Lage überhaupt nicht zurecht, und das kleine Pflegeteam, das für sie zuständig war, brauchte die ganze Unterstützung des restlichen Teams. Sowohl das Gesetz als auch unser Berufsverständnis machten es uns unmöglich, ihr zu geben, um was sie immer noch von Zeit zu Zeit fragte, doch niemand aus der Betreuung verweigerte ihr das Zuhören.

„Alles, was recht und notwendig ist"

Mitarbeiter/innen in Hospizen und in der palliativen Betreuung vertreten den oben beschriebenen Standpunkt. Die rechtliche Grundlage dafür wird von Kennedy (1984) diskutiert und von Devlin (1985) wie folgt zusammengefaßt:

„Wenn die erste Absicht in der Medizin, die Wiederherstellung der Gesundheit, nicht mehr erreicht werden kann, gibt es für einen Arzt immer noch viel zu tun. Er ist berechtigt, alles zu tun, was recht und notwendig ist, um Schmerzen und Leiden zu erleichtern, selbst wenn die Maßnahmen, die er ergreift, zufällig vielleicht das Leben verkürzen. Damit sollen nicht etwa die Mediziner besonders geschützt werden, denn kein Akt ist Mord, der nicht unmittelbar den Tod verursacht. Wir fragen hier nicht philosophisch oder technisch, sondern mit dem gesunden Menschenverstand. Die Ursache des Todes ist die Krankheit oder die Verletzung. Eine angemessene ärztliche Behandlung, die zufällig für den genauen Zeitpunkt des Todes mitverantwortlich ist, ist nach keinem vernünftigen Gebrauch des Ausdruckes die Ursache des Todes. Aber ... kein Arzt, noch irgendein anderer Mensch hat das Recht, weder bei Sterbenden noch bei Gesunden, absichtlich den Lebensfaden durchzuschneiden."

Diese Rechtslage schützt viele Menschen, die genau dieser Gefahr ausgesetzt sind, weil für sie das Recht zu sterben zur mutmaßlichen Pflicht werden kann: „Ich bin jetzt nur noch eine wertlose Last." Ich habe zur Hospizbetreuung vor vielen Jahren einmal folgendes formuliert: „Sie sind wichtig, weil Sie eben Sie sind, und Sie sind bis zum letzten Augenblick Ihres Lebens wichtig. Wir werden tun, was wir nur können, um Ihnen zu helfen, nicht nur in Frieden zu sterben, sondern auch bis zuletzt zu leben." Wir wollen die nicht verurteilen, die ihrem eigenen Leben ein Ende bereiten. Aber wir glauben, als professionelles Team sollten wir nicht freiwillig den Schritt tun, eine solche Entscheidung zu unterstützen. Patienten werden ständig mit Medikamenten nach Hause entlassen, die für einen beträchtlichen Zeitraum reichen, so wie auch die oben erwähnte Patientin. Trotzdem kommt es ganz selten vor, daß Patienten absichtlich eine Überdosierung nehmen. Es ist ihre Entscheidung. Das muß immer erinnert werden, wenn ein Team meint, versagt zu haben. Die grundsätzliche Philosophie von der Natur der Person und ihre Freiheit zu wählen sind hier sowohl auf den Patienten als auch auf das Team zu beziehen. Sich im fachlichen und betreuenden Rahmen immer wieder zu fragen, was dies bedeutet, kann zu einer erhellenden Diskussion führen.

Die beiden ersten oben erwähnten Bitten sind viel häufiger als die dritte, aber jedesmal und in jedem einzelnen Fall müssen wir uns damit auseinandersetzen, uns darüber austauschen und dem betreffenden Patienten so gut wie möglich durch seine Verzweiflung hindurchhelfen. Der Gebrauch, den die Patienten und ihre Familienangehörigen so oft von der bleibenden Zeit noch machen, zeigt sehr genau die positive Seite der Einstellung, die Hospizhelfer gegen eine freiwillige Lebensverkürzung haben.

Es ist selbstverständlich, daß zugleich alles unternommen wird, um körperliches Leiden und soweit wie möglich auch seelische Belastung zu erleichtern. Es kommt nicht häufig vor, daß die Verabreichung von Medikamenten gegen Schmerzen und Unruhe im Endstadium an sich das Leben verkürzt. Doch das ist ein Risiko, das manchmal eingegangen werden muß, wenn es keine Alternative gibt. Jede Injektion, die gegen Ende oder am Ende gegeben wird, muß der Familie erklärt werden, und manchmal muß dies auch mit neuen oder unerfahrenen Teammitgliedern besprochen werden. Devlins Ausführungen sind hier hilfreich, aber nichts kann eine sorgfältige Diskussion im ganzen Team ersetzen. Denn nur dann gibt es in solchen Situationen die nötige gegenseitige Unterstützung.

Daß solche Bitten überhaupt an ein Hospizteam gestellt werden, ist ein Zeichen dafür, daß die Patienten die Freiheit haben, auch solche Gefühle frei zu äußern, die ihrer Meinung nach nicht akzeptabel sind. Die meisten Anliegen werden letzten Endes in Ruhe gelöst, und zu keiner Zeit wird das ganze Team mehr gebraucht als hier.

13

FRAGEN, DIE OFT UNLÖSBAR SIND

von Margaret Harris

„Nicht jedes Problem ist ein ethisches Problem, und nicht jedes ethische Problem ist ein Dilemma", schreiben Curtin und Flaherty (1982). Und auch wenn Definitionen sehr langweilig sein können, sollte doch der Versuch gemacht werden, zu erklären, was wir mit „ethisch" meinen. Lisson (1987) definiert Ethik als „einen systematischen Weg, Werturteile über menschliche Handlungen zu fällen". Er sagt weiterhin, „der Ausdruck *systematisch* unterscheidet Ethik als einen Prozeß von organisierter und reflektierter Analyse von nicht-reflektierter Intuition oder gefühlsmäßiger Reaktion". Etwas weniger fachlich bezieht Ethik auch nicht-fachliche Werturteile mit ein, etwa dann, wenn Zweifel besteht, welche Entscheidung zu treffen ist, oder wenn man glaubt, daß andere ein Problem anders bewerten könnten.

Downie und Calman (1987) meinen weiter, daß man zwischen Ethik als moralisches oder Werturteil im weiteren Sinn und Ethik als Norm oder Moral im engeren Sinn unterscheiden sollte. Diese Unterscheidung ist schon dann angebracht, wenn ich das weite Problem der Zuteilung von Ressourcen anschaue. Das ist eine fundamental ethische und natürlich auch politische Frage unserer Zeit. Sie bezieht sich auf alle Gebiete der Gesundheitsfürsorge und ist in ihren Dimensionen weltweit. Bei unserer 5. Internationalen Konferenz mußte sich zum Beispiel Dr. de Souza, der Medizinische Direktor eines Hospizes in Bombay, einer Kritik stellen, die sich darauf bezieht, daß es in Indien schon einen ständigen Kampf kostet, auch nur ein Minimum an Gesundheitsbetreuung aufrechtzuerhalten, weil die Bevölkerung immer schneller wächst. Er wird dann gefragt, wie er es verantworten kann, so viel Geld für eine qualitativ gute Betreuung so weniger Menschen auszugeben, die sowieso bald sterben, während eine Unzahl in seinem Land nicht einmal fünf Jahre alt werden, weil die Gesundheitsbetreuung unter chronischem Geldmangel leidet. Die Kontraste in unserem eigenen Land sind zwar weniger dramatisch, aber es gibt sie auch. Und wir brauchen eine Antwort auf solche Kritik, die alle in Frage stellen würden, die in Bereichen arbeiten, in denen es im allgemeinen genug Personal gibt, um die Arbeit gut zu machen.

Jetzt will ich noch drei weitere, enger umrissene Gebiete mit ethischen Bezügen anschauen, die uns als interdisziplinäres Team betreffen: die Frage der Verantwortlichkeit und Verantwortung; die von Vertraulichkeit und letztlich die Frage, wessen Bedürfnisse wir eigentlich im Blick haben oder haben *sollten*.

Verantwortlichkeit und Verantwortung

Das ist vielleicht ein besonders umstrittener Bereich in einem Rahmen, in dem Teamarbeit hoch geschätzt wird. Etwas ironisch wurde einmal formuliert, daß Ärzte und Krankenschwestern die Entscheidungen treffen, während Sozialarbeiter und Seelsorger gerufen werden, um die Scherben aufzulesen. Diese Aussage ist unfair und unwahr, doch sie rückt einige sachbezogene Fragen ins Licht: Welches Gewicht hat jede Disziplin innerhalb des Teams? Wer ist an Diskussionen und Beschlußfassungen beteiligt? Wer trifft die endgültige Entscheidung und ist damit für alles verantwortlich zu machen? Die verschiedenen Berufe erhalten verschiedene Gehälter. Ein Grund dafür ist, daß die Verantwortung unterschiedlich groß ist. Können Entscheidungen wirklich demokratisch sein, wenn letztlich nur ein Mitglied für die getroffene Entscheidung der Gruppe verantwortlich ist? Die Frage des Sedierens ist bereits besprochen worden; der Arzt verschreibt die Verordnung, aber es wird fast immer die Krankenschwester sein, die das Medikament gibt; und welches Gewicht haben Sozialarbeiter und Seelsorger in einer solchen Debatte? Schauen die verschiedenen Disziplinen genügend auf die Arbeit, die außerhalb ihres eigenen Fachgebietes einen Patienten betrifft?

Vertraulichkeit

Es liegt in der Natur der interdisziplinären Teamarbeit, daß die Vertraulichkeit zum besonderen Problem werden kann. Ist es richtig, daß jedes Teammitglied alles weiß, was ein Patient oder sein Verwandter mit einzelnen aus dem Team möglicherweise bespricht? Als Krankenschwester in St. Christopher's wurde ich erstmals mit dem Gebrauch der „rosa Blätter" vertraut gemacht. In der Krankengeschichtsmappe eines jeden Patienten befinden sich hinten lose, leere Blätter, die nur zufällig rosa sind, auf denen jedes Teammitglied ein „bedeutsames" Gespräch mit dem Patienten oder einem Familienmitglied notieren kann. Diese Aufzeichnungen sind ein Kommunikationsmittel und äußerst hilfreich. Sie können aber auch genausogut mißbraucht werden, und deshalb muß man sich damit auseinandersetzen. Manchmal scheint es kein Problem zu geben. So wurde ich zu einer Patientin gerufen, die nach Aussage des Pflegepersonals in einer Art „spiritueller Not" zu sein schien. Es stellte sich heraus, daß die betreffende Frau sich mit einer „Sünde" belastete, die Jahre zurücklag. Sie beichtete, wir beteten zusammen um Vergebung, und es trat Friede ein. Ich konnte notieren, daß eine Last hinweggenommen worden war, aber es war nicht nötig, jemandem mitzuteilen, um was es dabei inhaltlich ging. Aber angenommen, die Beichte hätte ein Familienmitglied betroffen, dessen Beziehung zum Patienten für den Sozialarbeiter ein aktuelles Thema war? Angenommen, dieses bißchen Information war das bedeutsame „fehlende Stück" in einer komplexen Familiengeschichte? Das Anvertraute jemandem aus einem anderen Fach offenzulegen könnte dann zur besseren Betreuung der Patientin und ihrer Familie führen. Umgekehrt kann es auch sein, daß eine Information wie etwa „dieser Patient hat Mord/Inzest begangen" die Betreuung aus Furcht oder Vorurteil negativ beeinflußt. Ist es dann richtig, jedes beteiligte Teammitglied zu informieren und dieses Risiko einzugehen? Ist es richtig, eine solche Information vom Personal, das regelmäßigen Kontakt mit dem Patienten hat, fernzuhalten?

Schon die Dokumentation einer erhaltenen Information kann ethisch relevant sein: Man formuliert nur allzuleicht eine Meinung anstelle einer Tatsache. So beschreiben wir Patienten als „süß" oder „knurrig", zwängen sie damit in ein Klischee und übernehmen möglicherweise das Vorurteil anderer. Berücksichtigen wir eigentlich genügend, daß Patienten oder Verwandte oder Kollegen sich ändern? Erlauben wir ihnen zu wachsen und den Punkt zu verlassen, an dem wir sie zuerst angetroffen haben? Oder verstauen wir sie schön ordentlich in eine Schublade und ordnen sie nach Kategorien? Sollten Patienten Zugang zu ihren eigenen Unterlagen haben? Und wenn ja, wird es dann Einfluß darauf haben, was wir hineinschreiben und wie wir es ausdrücken?

Welche Bedürfnisse haben wir im Blick?

Viele dieser ethischen Fragen, vor denen wir als Team stehen, verlangen eine Antwort. Auf wessen Bedürfnisse versuchen wir zu antworten? Das hat die weitere Frage zur Folge: Wessen Bedürfnissen *sollten* wir nachkommen? Manchmal besteht ein Konflikt zwischen den Bedürfnissen von Patient und Familie, ein anderes Mal liegt er zwischen Patient und Personal. Der ganze Bereich, der mit der Wahrheit am Krankenbett zu tun hat, fällt in diese Sparte. Nehmen wir Herrn K., dem seine Frau, als er in St. Christopher's aufgenommen wurde, gesagt hat, es sei ein Erholungsheim, in dem er sich von seiner Virusinfektion im Gehirn – Frau K.s beschönigende Umschreibung für seinen Hirntumor – erholen könne. Frau K. bestand darauf, daß die Wahrheit von ihrem Mann ferngehalten werden sollte; und das Personal versicherte ihr, daß niemand versuchen würde, Herrn K. über die wahre Diagnose zu informieren. Sollte er aber fragen, würden sie ihn nicht anlügen. Frau K. sorgte dafür, daß es für ihren Mann wenig Gelegenheit gab, Fragen zu stellen. Sie war dauernd bei ihm und behütete ihn dermaßen, daß es äußerst schwierig war, ein Gespräch mit ihm allein zu haben. Bei der Analyse seiner Krankengeschichte wurde entdeckt, daß dieser besondere Typ von Tumor, an dem er litt, auf Radiotherapie ansprechen würde. Um jedoch Herrn K. informiert über seine Behandlung entscheiden zu lassen, mußte er die Wahrheit über seine Diagnose wissen. Wie sollten wir vorgehen?

Die Situation wird noch komplizierter, wenn der Patient bewußtlos – oder sogar tot – ist. Ich erinnere mich, daß ich einmal zu der Frau eines Patienten gerufen wurde, der am gleichen Tag aufgenommen worden war. Frau A. war sehr dankbar für das Angebot spiritueller Betreuung für sie selbst und ihren Mann, der sehr krank und immer wieder bewußtlos war. Sie und ich unterhielten uns in einem anderen Zimmer, und wir besprachen die Möglichkeit, zusammen die Kommunion am Bett zu empfangen. Sie war von der Idee ganz begeistert, und ich schlug vor, ihrem Mann diesen Plan nun gemeinsam mitzuteilen. „Oh, nein", protestierte sie, „wenn Sie ihn fragen, wird er nein sagen." Ich brachte ihr schonend bei, daß ich niemandem gegen seinen Wunsch die Kommunion aufzwingen könnte und auch nicht wollte, auch wenn es ihr noch so wichtig erschien, daß er kommunizieren sollte. Zögernd stimmte sie zu. Als ich mit Herrn A. sprach, wurde er sehr böse mit mir, weil ich mit seiner Frau gesprochen hatte, und lehnte jegliche seelsorgerische Betreuung völlig ab. Am folgenden Tag war Sonntag, und der Krankenhausseelsorger besuchte die Station, wo Herr A. jetzt bewußtlos und dem Tode nahe lag. Frau A. bat um den Segen für ihren Mann. Für sie war das sehr wichtig, aber wir wußten um Herrn A.s ausdrücklichen Wunsch vom Tag zuvor. Wessen Bedürfnisse hatten nun den Vorrang? Sollten wir die Wünsche des Patienten nicht mehr beachten, sobald er/sie bewußtlos ist und offensichtlich nichts mehr wahrnimmt, um die Bedürfnisse der Weiterlebenden, die ihre Erinnerungen in die Zukunft mitnehmen, zu befriedigen? Es ist nicht meine Absicht, Antworten zu geben. Es soll nur so viel gesagt werden, daß die Lösung in dieser Frage aufgrund eines Vorschlages, den einer der Chefärzte machte, kam. Er war nur zufällig auf der Station. Das betont wieder den Wert der interdisziplinären Diskussion.

Dies führt weiter zu Fragen, die den Toten betreffen. Hat eine verstorbene Person Rechte? Was ist mit der Frau, die in St. Christopher's aufgenommen wurde und deren größte und einzige Sorge ihre Katze war? Sie bestand darauf, daß die Katze getötet werden solle, sobald sie gestorben sei, denn sie könne niemandem trauen, sich so wie sie um sie zu kümmern. Ihr Mann wollte die Katze jedoch am Leben erhalten, weil er so viele liebe Erinnerungen an seine Frau mit ihr verband. Wessen Bedürfnisse beherzigen wir hier? Ist die Notlüge, die Katze zu töten, gegenüber der Frau zulässig, wenn wir die Bedürfnisse des Ehemanns nach dem Tod seiner Frau im Blick haben? Was ist mit der Frau muslimischen Glaubens, deren Kinder Christen sind? Sie will nach dem muslimischen Ritus beerdigt werden, die Kinder wollen ein christliches Begräbnis? Wie beraten wir die Familie?

Auch die Bedürfnisse, die wir als Personal haben, sind nicht zu vergessen. Ist es richtig, unsere Bedürfnisse denen des Patienten vorzuziehen, wenn sie in Konflikt geraten? Was ist mit dem Patienten, der nicht gleich zu sterben scheint, sich aber entschlossen hat, „das Gesicht zur Wand zu drehen"? Hat das Personal irgendein Recht, einen solchen Patienten ständig aufzumuntern, ihn zu überreden, im Stuhl zu sitzen oder ins Tageszentrum zu gehen? Wir können das tun und uns dabei einreden, daß es zum Guten des Patienten sei – ist es das aber wirklich? Wollen wir in diesem Fall nicht eher unsere eigenen Bedürfnisse befriedigen? Es ist vielleicht für die Ärzte oder den Krankenhausseelsorger leichter, einem solchen Patienten zu erlauben, sich gehen zu lassen, als für die Krankenschwestern, die mit der Situation Stunde für Stunde und Schicht für Schicht fertig werden müssen. Solche Patienten reagieren manchmal sehr positiv auf eine kleine, sanfte Ermutigung und sind letztlich dankbar für den Druck, den wir auf sie ausgeübt haben. Andere wieder sterben sehr viel schneller als erwartet und lassen einige vom Personal mit dem Schuldgefühl zurück, die Situation nicht richtig eingeschätzt zu haben. Wie können wir jeweils die richtige Entscheidung treffen? Die Wichtigkeit der interdisziplinären Diskussion kann nicht genügend betont werden, denn die Beziehung zum Patienten wird sich bei jedem Teammitglied ein bißchen anders entwickelt haben und wird so auch verschiedene Einsichten bei der Debatte geltend machen.

Die Frage, wessen Bedürfnisse wir im Blick haben, stellt sich auch dann, wenn ein Patient seinen Zorn über eine frühere Behandlung zum Ausdruck bringt, die vermeintlich unangemessen oder falsch war. Wenn der Zorn des Patienten berechtigt ist und er/sie gerichtlich gegen die Beschuldigten vorgehen will, wem gegenüber ist dann das Personal zur Loyalität verpflichtet? Sollte das Personal auf der Seite der Familie oder der Kollegen stehen? Oder gibt es einen Ausweg? Das Beispiel eines ähnlichen Dilemmas tauchte kürzlich in St. Christopher's auf: Eine Patientin mit einem Hirntumor kam nach einer Operation, bei der auch ein Teil der knöchernen Schädeldecke entfernt worden war, der nicht wieder ersetzt wurde. Als der Tumor größer wurde, wuchs er aus dem künstlichen Loch im Schädel heraus und war nur noch mit einer Hautschicht bedeckt. Anstatt daß die Patientin relativ schnell und schmerzlos aufgrund des inneren Drucks auf die lebenswichtigen Zentren gestorben wäre, zog sich ihr Tod langsam dahin. Hinzu kamen alle möglichen Phantasien, etwa daß ihr Gehirn explodieren würde. Jeden Tag sah sie im Spiegel einen grotesken, verunstalteten Kopf. Das ganze Team mußte diesen Fall regelmäßig besprechen, denn die Lage war sowohl für die Betreuenden als auch für die Patientin selbst ganz sicher qualvoll. Sollten unsere Ärzte sich in diesem Fall mit denen auseinandersetzen, die für die Operation verantwortlich waren? Es würde zwar dieser Patientin nichts mehr helfen, aber vielleicht anderen in Zukunft. Oder sollten wir „die schlafenden Hunde nicht wekken"?

Ich komme nun auf die Aussage zurück, mit der ich diesen Abschnitt begonnen habe, und erinnere die Leser daran, daß ein Dilemma eine Wahl zwischen zwei gleich unangenehmen Alternativen ist. Deshalb kann es keine definitiven „richtigen" Antworten geben. Man ist zwar versucht, der Vielzahl der unbeantworteten Fragen einfach ein Ende zu machen, aber das ist weder hilfreich noch überzeugend. Statt dessen möchte ich einige allgemeine Richtlinien aufstellen, für die ich auch Rumbold (1986) meinen Dank schulde. Sie helfen vielleicht in einigen schwierigen Situationen, in die wir bei dieser Arbeit hineingeraten können.

• *Das Gesetz kennen in bezug auf den Bereich, der betroffen ist.* Das Gesetz ist ein „stumpfes Werkzeug" für eine heikle Aufgabe, aber da wir ihm unterliegen, müssen wir die Grenzen kennen, zwischen denen unsere Entscheidungen liegen müssen.

• *Der Rahmen.* Dieser ist durch die professionellen ethischen Normen gegeben, die jeweils bei der Auslegung des Gesetzes helfen. Auch diese haben ihre Grenzen; sie sind ausschließlich fachorientiert und behandeln nur allgemeine Prinzipien. Sie beinhalten keine Haltungen wie etwa „Mitleid"; sie meinen, daß eine berufliche Ethik sich irgendwie von der übrigen Moral unterschei den sollte. Den Fachkräften können ethische Normen *gegeben* werden, aber jede Person bringt unvermeidlich alle ihre eigenen Haltungen, ihren Glauben und ihre Werte in die berufliche Arbeit mit.

• *Wissen und Verstehen von ethischen Fragen.*
Wir müssen uns dessen bewußt sein, daß Entscheidungen immer auch kulturell beeinflußt sein. Wir sollten die verschiedenen theoretischen ethischen Entwürfe in etwa verstehen. Unsere moralischen Entscheidungen sind vielleicht weniger begründet, als wir glauben. Sie sind fast immer beeinflußt von Lehrmeinungen, die wir gar nicht richtig durchschaut haben.

• *Solides Wissen*
Das wird rein emotionale Reaktion verhindern. Die Fakten müssen so vollständig wie möglich gewußt werden, so daß die getroffene Entscheidung eine Entscheidung aufgrund aller verfügbaren Information ist.

• *Ehrlichkeit mit sich selbst und zu sich selbst*
Shakespeare schrieb: „Sei aufrichtig zu deinem eigenen Selbst", und wenn alles gesagt und getan ist, müssen wir mit der Entscheidung und ihren Konsequenzen leben. Das ist ein gutes Prinzip, aber vielleicht im Team nur schwer zu erreichen. Die Arbeit im Team verlangt, daß wir uns manchmal hintanstellen und uns den anderen Teammitgliedern unterwerfen. Wir müssen auf jedes

Mitglied sensibel reagieren und besonders die unterstützen, die bei einer ethischen Entscheidung in die Minderheit geraten.

Marx hat gesagt, daß die Philosophen versucht haben, die Welt zu verstehen. Es komme jedoch darauf an, sie zu verändern. Aristoteles meint, daß das Ende alles Nachforschens nicht das Wissen, sondern das Tun ist. Wir sollten also nicht der Versuchung erliegen, uns einfach an einer guten Debatte zu freuen. Wir wollen uns herausfordern lassen, genauer hinzuschauen, wie wir ethische Fragen innerhalb eines interdisziplinären Teams lösen können.

Anhang

LITERATUR ZU DEN EINZELNEN KAPITELN

Einleitung

AINSWORTH-SMITH, I. – SPECK, P. (1982), Letting Go. SPCK, London.
BUCKMAN, R. (1988), I Don't Know What to Say: How to help and support someone woh is dying. Papermac, London.
DUNLOP, R. J. – HOCKLEY, J. M. (1990), Terminal Care Support Teams – The Hospital/Hospice Interface. Oxford University Press, Oxford.
NEUBERGER, J. (1987), Caring for People of Different Faiths. Austen Cornish Publishers in association with The Lisa Sainsbury Foundation, London.
PEABODY, F. W. (1927), The Care of the Patient, in: The Journal, of the American Medical Association 88, Nr. 12, 877–882.
SAUNDERS, C. (Ed.) (1984), The Management of Terminal Malignant Disease (2. Aufl.). Edward Arnold, London.
SAUNDERS, C. – BAINES, M. (1989), Living with Dying: the management of terminal disease (2. Aufl.). Oxford University Press, Oxford.
STEDEFORD, A. (1984), Facing Death. Heinemann.
TWYCROSS, R. G. – LACK, S. A. (1990), Therapeutics in Terminal Cancer (2. Aufl.). Churchill Livingstone, London – New York.
WALSH, T. D. (1989), Symptom Control. Blackwell Scientific Publications, London – Boston.
WORLD HEALTH ORGANISATION (1986), Cancer Pain Relief. World Health Organisation, Genf.

Kapitel 2

BLANCHARD, K. – JOHNSON, S. (1982), The One Minute Manager. William Collins Sons & Co. Ltd., Glasgow.
MANNING, M. (1984), The Hospice Alternative, Living With Dying, pp. 46–82. Souvenir Press Ltd., London.
VAUGHAN, B. – PILLMOOR, M. (Hrsg.) (1989), Managing Nursing Work, pp. 29–44. Scutari Press, London.
ZIMMERMAN, J. M. (1981), Hospice. Complete Care For The Terminally Ill, pp. 97–125. Urban & Schwarzenberg Inc., USA.

Kapitel 3

CHERRY, D. A. – GOURLAY, G. K. (1987), The Spinal Administration of Opioids in the Treatment of Acute and Chronic Pain. Palliative Medicine. 1:89–106.
I. A. S. P. Subcommittee on Taxonomy (1980), Pain Terms: a list with definitions and notes on usage Pain. 8:249–252.
SAUNDERS, C. M. (1967), The Management of terminal illness. Hospital Medicine Publications. London.
TAKEDA, F. (1986), Results of Field Testing in Japan of the W. H. O. Draft Interim Guidelines on relief of Cancer Pain. The Pain Clinic. 1, 83.
TASKER, R. R. (1987), The Problem of Deafferentation Pain in the Management of the patient with Cancer. Journal of Palliative care. 2:2, p. 8–12.
TWYCROSS, R. G. (1984), Relief of Pain. In the Management of Terminal Malignant disease (ed. C. Saunders), p. 64. Edward Arnold, London.
WORLD HEALTH ORGANISATION (1986), Cancer Pain Relief, WHO, Genf.

Kapitel 10

KAZANTZAKIS, N. (1946), Zorba the Greek. Simon & Schuster, New York; dt. Alexis Sorbas, 1952.
THOMAS, R. S. (1973), Selected Poems 1946–1968. Hart-Davis, McGibbon, London, S. 104.

Kapitel 12

DEVLIN, P. (1985), Easing the Passing – The trial of Dr. John Bodkin Adams. The Bodley Head, London.
KENNEDY, IAN McC. (1984), The Treatment relating to the terminally ill, in: Saunders, C. (Hrsg.), The Management of Terminal Malignant Disease (2. Aufl.). Edward Arnold, London.

Kapitel 13

CURTIN, L. – FLAHERTY, M. (1982), Nursing Ethics, Theories and Pragmatics, p. 39. Robert Brady Co, Maryland.
DOWNIE, R. S. – CALMAN, K. C. (1987), Healthy Respect. Ethics in Health Care. Faber & Faber Ltd.
Vgl. KENNEDY, I. (1984), The Law relating of the treatment of the terminally ill. From Management of the Terminal Disease. Edward Arnold.
LISSON, E. L. (1987), Ethical Issues Related to Pain Control, in: Nursing Clinics of N. America, 22 (3).
RUMBOLD, G. (1986), Ethics in Nursing Practice. Bailliere Tyndall.
WULFF, ANDUR PEDERSEN, Rosenberg (1986), Philosophy of Medicine, p. 172. Blackwell Scientific Publications.

DEUTSCHSPRACHIGE LITERATURHINWEISE

Ariès, Ph.: Geschichte des Todes. Deutscher Taschenbuch Verlag, München 1987

Bartholomäus, L.: Ich möchte an der Hand eines Menschen sterben. Matthias-Grünewald-Verlag, Mainz 1980

Beutel, H. / Tausch, D.: Sterben – eine Zeit des Lebens. 2. Auflage, Quell Verlag, Stuttgart 1991

Boulay, S. du: Cicely Saunders – Ein Leben für Sterbende. Tyrola, Innsbruck / Wien 1987

Bowlby, J.: Verlust, Trauer und Depression. Fischer, Frankfurt/M. 1983

Brocher, T.: Wenn Kinder trauern – Wie sprechen wir über den Tod? Kreuz Verlag, Stuttgart 1980

Buckingham, R.W.: Mit Liebe begleiten – Die Pflege sterbender Kinder. Kösel, München 1987

Cameron, J.: Heute will ich leben. Kreuz Verlag, Stuttgart 1983

Canacakis, J.: Ich sehe deine Tränen. Kreuz Verlag, Stuttgart 1987

Christophorus-Hospiz-Verein: Pflegen bis zuletzt, München 1989

CHV-München Palliativdienste: Richtlinien, Ottawa 1989/München 1993

Die deutschen Bischöfe: Schwerkranken und Sterbenden beistehen, Bonn 1991

Dörner, K.: Tödliches Mitleid – Zur Frage der Unerträglichkeit des Lebens. Oder: die Soziale Frage: Entstehung, Medizinisierung, NS-Endlösung heute und morgen. Verlag Jakob van Hoddis, Gütersloh 1988

Doyle, D.: Hauspflege bei unheilbar Kranken. Thieme, Stuttgart / New York 1990

Duda, D.: Für Dich da sein, wenn Du stirbst: Vorschläge zur Betreuung. Papyrus Verlag, Hamburg 1986

Eersel, P. van: Sterben – der Weg in ein neues Leben. Scherz, Bern usw. 1987

Ev. Akademie (Hrsg.): Hospiz – Alternative für Sterbebegleitung? (Herrenalber Protokolle, Band 66). Karlsruhe 1989

Freud, S.: Trauer und Melancholie. Gesammelte Werke, Band 10. S. Fischer, Frankfurt/M. 1963

Fried, A.: Wo man in Frieden sterben kann – Die Hospizbewegung. Brockhaus, Wuppertal/Zürich 1988

Godzik, P. / Pfisterer, K. D. / Pleitner, H. (Hrsg.): ... daß die Gemeinde zum Hospiz werde. Dokumentation der Klausurtagung „Hospiz" des Diakoni-

schen Werkes der EKD im Februar 1992. Zentraler Vertrieb des DWEKD, Stuttgart 1992
Goldmann-Posch, U.: Wenn Mütter trauern. Kindler Verlag GmbH, München 1988
Grewel, H.: Recht auf Leben – Drängende Fragen christlicher Ethik. Vandenhoeck & Ruprecht, Göttingen 1990
Herrmann, N.: Mit Trauernden reden. Kreuz Verlag, Zürich 1988
Herschbach, P.: Arbeitsbedingungen im Krankenhaus – Die Psychische Belastung von Ärzten/Ärztinnen und Krankenpflegekräften im Krankenhaus. Edition Medizin, Weinheim 1991
IKM: Hospiz – Sterbenden helfen, München 1991
Jerneizig, R. / Langenmayr, A. / Schubert, U.: Leitfaden der Trauertherapie und Trauerberatung. Vandenhoeck & Ruprecht, Göttingen 1991
Kast, V.: Trauern. Kreuz Verlag, Stuttgart 1982
Koch, U. / Schmeling, C.: Betreuung von Schwer- und Todkranken. Urban & Schwarzenberg, München usw. 1982
Kübler-Ross, E.: AIDS – Herausforderung zur Menschlichkeit. Kreuz Verlag, Stuttgart 1988
Kübler-Ross, E.: Befreiung aus der Angst. Kreuz-Verlag, Stuttgart 1983*
Kübler-Ross, E.: Interviews mit Sterbenden. Kreuz Verlag, Stuttgart 1971
Kübler-Ross, E.: Kinder und Tod. Kreuz Verlag, Stuttgart 1984
Kübler-Ross, E.: Leben bis wir Abschied nehmen. Kreuz Verlag, Stuttgart 1979
Lamerton, R.: Sterbenden Freund sein – Helfen in der letzten Lebensphase. Einleitung von Paul Türks. 2. Aufl. Herder, Freiburg 1992
Lothrop, H: Gute Hoffnung – jähes Ende. Kösel, München 1991
Lundholm, A.: Mit Ausblick zum See. Rowohlt Taschenbuch Verlag, Reinbeck 1990
Lutterotti, M. v.: Menschenwürdiges Sterben. Herder, Freiburg 1985
Mitscherlich, A. und M.: Die Unfähigkeit zu trauern. Piper Verlag, München 1967*
Munro, Susan: Musiktherapie bei Sterbenden. Gustav Fischer, Stuttgart u. Bärenreiter, Kassel 1986
Parkes, C. M.:Parkes, C. M.: Vereinsamung. Rowohlt, Reinbek 1978
Pichlmaier, H. (Hrsg.): Palliative Krebstherapie. Springer, Berlin usw. 1991
Pincus, L.: ... bis daß der Tod uns scheidet. Zur Psychologie der Trauer. Ullstein Sachbuch, Frankfurt/M.–Berlin 1982
Potthoff, P.: Der Tod im medizinischen Denken. Enke, Stuttgart 1980
Rest, F.: Sterbebeistand – Sterbebegleitung – Sterbegeleitung. Kohlhammer, Stuttgart 1989
Schaffer, U.: Winter der Gefühle. Kreuz Verlag, Stuttgart 1986
Schibilsky, M.: Trauerwege. Beratung für helfende Berufe. Patmos, Düsseldorf 1989
Schiff, H. S.: Verwaiste Eltern. Mit einem Nachwort von Johann-Christoph Student. 2. Auflage, Kreuz Verlag, Stuttgart 1990
Schockenhoff, E.: Sterbehilfe und Menschenwürde, Regensburg 1991
Siegel, B.: Liebe, Medizin und Wunder. Econ, Düsseldorf usw. 1988

Spiegel-Rösing, I. / Petzold, H. (Hrsg.): Die Begleitung Sterbender. Jungfermann, Paderborn 1984
Sporken, P. (Hrsg.): Was Sterbende brauchen. 5. Auflage, Herder, Freiburg 1990
Stoddard, S.: Die Hospizbewegung. 2. Auflage, Lambertus, Freiburg 1988
Student, J.-C. (Hrsg.): Das Hospiz-Buch. 2. Auflage, Lambertus, Freiburg 1991
Student, J.-C. (Hrsg.): Das Recht auf den eigenen Tod. Patmos, Düsseldorf 1993
Student, J.-C. (Hrsg.): Im Himmel welken keine Blumen – Kinder begegnen dem Tod. 2. Auflage, Verlag Herder, Freiburg 1993
Student, J.-C. / Busche, A.: Zu Hause sterben – Hilfen für Betroffene und Angehörige. Arbeitsgruppe „Zu Hause sterben", 4. Auflage, Hannover 1992
Student, J.-C.: Schmerz-Therapie bei sterbenden Menschen – Die orale Morphin-Therapie in der Hand des Hausarztes. Göttingen 1988
Tausch, A.-M. / Tausch, R.: Sanftes Sterben. Rowohlt, Reinbek 1985
Tausch, R.: Lebensschritte – Umgang mit belastenden Gefühlen. Rowohlt, Reinbek 1989
Tausch-Flammer, D.: Sterbenden nahe sein. Herder, Freiburg 1993
Twycross, R. G. / Lack, S. A.: Therapie bei Krebs im Endstadium. G. Fischer, Stuttgart/New York 1989
Wagner, H. (Hrsg.): Grenzen des Lebens – Wider die Verwilderung von Sterben, Tod und Trauer. Verlag Josef Knecht, Frankfurt/M. 1991
Welsh, R.: Eine Hand zum Anfassen – Ein Briefroman. Verlag Jungbrunnen, Wien und München 1985
Winau, R. / H. P. Rosemeier (Hrsg.): Tod und Sterben. de Gruyter, Berlin 1984,
Wolterstorff, N.: Klage um einen Sohn. Vandenhoeck & Ruprecht, Göttingen 1988
Worden, J. W.: Beratung und Therapie in Trauerfällen. Huber, Bern 1987
Zielinski, R. H.: Wo Schmerzen ihre Schrecken verlieren. Matthias-Grünewald-Verlag, Mainz 1988
Zorza, V. und R.: Chronik eines Abschieds. Ullstein, Berlin 1983

ERKLÄRUNG DER MEDIZINISCHEN FACHAUSDRÜCKE

Alkaloide	= stickstoffhaltige Naturstoffe (hierzu gehört z. B. Morphin)
Analgetika	= Schmerzmittel
analgetisch	= schmerzstillend
Antibiotika	= Medikamente gegen bakterielle Infektionen
Antidepressiva	= Mittel gegen Depressionen
Benzodiazepine	= eine Gruppe von „Beruhigungsmitteln" (Tranquilizern)
Bronchien	= Äste der Luftröhre
Bronchodilatatoren	= die Bronchien erweiternde Mittel
Carbamazepin	= gegen Krampfanfälle wirksames Medikament, das auch bei speziellen Schmerzzuständen eingesetzt wird
Chlorpromazin	= „Beruhigungsmittel", gehört in die Gruppe der Neuroleptika
Deafferentierung	= Durchtrennung der hinteren Nervenwurzeln
Diazepam	= z. B. Valium (gehört zur Gruppe der Benzodiazepine, „Beruhigungsmittel")
Diuretika	= harntreibende Mittel
epidural	= zwischen der äußeren Hülle des Rückenmarks und dem Wirbelkanal (dort, wo man z. B. bisweilen ein Schmerzmittel einspritzt)
Hypoglykämie	= erniedrigter Blutzucker
i.m.	= intramuskulär, in den Muskel
Infusion	= Einführung von größeren Flüssigkeitsmengen in den Organismus, meist über die Vene oder unter die Haut

Injektion	= Spritze
injizieren	= einspritzen
intrakraniell	= im Schädel
i.v.	= intravenös, in die Vene
Karzinom	= Krebs
Koma	= Zustand tiefer Bewußtlosigkeit
Kortikosteroid	= Nebennierenrindenhormon, wirkt u. a. stark abschwellend
Laxantien	= Abführmittel
Lokalanästhetika	= Mittel zur örtlichen Betäubung
Lymphe	= Gewebsflüssigkeit
Lymphödem	= Schwellung der Haut und des Unterhautgewebes infolge von Störungen des Lymphalflusses
maligne	= bösartig
Medikament	= Arzneimittel
Medikation	= Arzneimittelgabe
Metastase	= Tochtergeschwulst, durch Verschleppung von Krebszellen auf dem Lymph- oder Blutweg entstanden
motorisch	= die willkürliche Muskulatur betreffend
Neurom	= Nervenzelle mit ihren Ausläufern
Opiate	= Bestandteile des Opiums enthaltende Arzneimittel
oral	= durch den Mund
Paranoia	= krankhaftes Mißtrauen, Verfolgungswahn
paranoid	= an Verfolgungswahn leidend
parenteral	= den Verdauungstrakt umgehend, z. B. durch Spritzen, Infusionen
per os	= durch den Mund
pharmakologisch	= Arzneimittel betreffend
Pneumonie	= Lungenentzündung
Psychose	= schwere krankhafte, seelische Störung
psychotrop	= auf die Psyche einwirkend
Radiologe	= Facharzt für Röntgen- und Strahlenheilkunde

Radiotherapeut	= Radiologe, der mit Strahlen *behandelt*
rektal	= durch den After in den Enddarm
s.c.	= subcutan, unter die Haut
Sedativa	= Beruhigungsmittel
sedieren	= beruhigen, hier meist durch Verabreichung von Sedativa

WEITERBILDUNGSMÖGLICHKEITEN

für Mitarbeiter/innen von Hospizen und Palliativstationen

Im Folgenden geben wir eine Auswahl von qualifizierenden und qualifizierten Weiterbildungsmöglichkeiten für berufliche und freiwillige Mitarbeiter/innen in Hospizen und Hospiz-Initiativen an (jeweils alphabetisch geordnet):

I. Workshops

Intensive Ausbildungs- und Trainingsangebote, die insbesondere Selbsterfahrungsmöglichkeiten einschließen. Geeignet sowohl für berufliche Helfer/innen als auch für ehrenamtliche Mitarbeiter/innen sowie für Betroffene.

Gregg Furth: Interpretation von Spontan-Zeichnungen (und weiterführende Workshops)
Anmeldungen in Deutschland: Frau Tine Rein, Obere Brandstr. 44B, 70567 Stuttgart
Anmeldungen in der Schweiz: Frau Elsie Rubin, Alte Landstr. 153, CH-8800 Thalwil
Christoph Student: Sterben, Trauern, Leben (und weiterführende Workshops)
Anmeldungen: Arbeitsgruppe „Zu Hause sterben", Evangelische Fachhochschule Hannover, Blumhardtstr. 2, 30625 Hannover
Beth Weiner: Lebendiger leben lernen (und weiterführende Workshops)
Anmeldungen in Deutschland, Schweiz und Österreich: Frau Tine Rein, Obere Brandstr. 44B, 70567 Stuttgart

Speziell für Trauerberater/innen und Trauernde:
Jorgos Canacakis: Trauerseminare

Anmeldungen: Akademie für menschliche Begleitung (AMB); Goldammerweg 9, 45134 Essen
Ruthmarejke Smeding: Lehrgang zur Erschließung der Trauer
Anmeldungen: Arbeitsgruppe „Zu Hause sterben", Evangelische Fachhochschule Hannover, Blumhardtstr. 2, 30625 Hannover

II. Berufsbegleitender Weiterbildungs-Studiengang

Evangelische Fachhochschule Hannover
Berufsbegleitender Weiterbildungsstudiengang „Psychsosoziale Betreuung von Schwerstkranken, Sterbenden und Trauernden unter besonderer Berücksichtigung von Menschen mit AIDS" (Begründet von Prof. Dr. med. J.-C. Student)
Anschrift: Evangelische Fachhochschule Hannover, Blumhardtstr. 2, 30625 Hannover
Teilnahme-Voraussetzung: Abgeschlossenes Studium an einer Hochschule, Fachhochschule oder Gesamthochschule – oder aber spezielle berufliche Qualifikation z. B. als Pflegekraft o. ä.

III. Allgemeine, überregionale Weiterbildungsangebote

Arbeitsgemeinschaft Hospiz, Ev. Gesellschaft Stuttgart e.V., Büchsenstr. 35–36, 70174 Stuttgart
Ansprechpartnerin: Dr. Daniela Tausch-Flammer
Zielgruppen: Laien, Menschen, die sich mit diesem Thema auseinandersetzen möchten, in dem Bereich der Sterbebegleitung tätige Berufsgruppen.

Bildungsforum Chirurgie (gefördert durch die Deutsche Krebshilfe e.V., Bonn), Joseph-Stelzmann-Str. 20, 50931 Köln
Ansprechpartnerin: Franco W. Volontieri, Gabi Heußen
Zielgruppe: Krebspatienten/innen, Leiter/innen von Selbsthilfegruppen in der Krebsnachsorge
Themenbereiche: Krankheitsbewältigung, Sterbebegleitung, Trauerverarbeitung, Angehörigenarbeit

Bildungswerk der Arbeitsgemeinschaft für medizinische Ethik und Gesellschaftsbildung (AMEG) e.V., Joseph-Stelzmann-Str. 20, 50931 Köln
Ansprechpartner: Franco W. Volontieri
Zielgruppe: Krebskranke und deren Angehörige, Leiter/innen von Selbsthilfegruppen in der Krebsnachsorge, hauptamtliche Mitarbeiter/innen in der Krebsnachsorge, AIDS-Kranke, deren Freunde und Familienangehörige, Mitarbeiter/innen aus regionalen AIDS-Hilfen und Organisationen, die AIDS-Kranke betreuen.
Themenbereiche: Bewältigung von Krankheit, Begleitung von Sterbenden, Trauerverarbeitung, Angehörigenarbeit

Christophorus Hospiz Verein e.V., Hirtenstraße 2, 80335 München
Ansprechpartnerin: Christel Orth
Zielgruppe: Laien und im Gesundheitswesen Tätige
Themenbereiche: Die Hospizidee – ein anderer Umgang mit Sterben, Tod und Trauer

Hospiz-Bildungswerk der internationalen Gesellschaft für Sterbebegleitung und Lebensbeistand e.V., St. Hildegardishaus, Rochusberg 1, 55411 Bingen
Ansprechpartner: Kurt Marthaler
Zielgruppen: Ärzte, Krankenschwestern und Krankenpfleger, Altenpfleger/innen, Sozialarbeiter/innen, Seelsorger/innen, Psychologen/innen, Pädagogen/innen, freiwillige Helfer/innen, Besuchsdienste und alle Laien, die an Sterbebegleitung und Trauerarbeit interessiert sind
Themenbereiche: Sterbebegleitung – Lebensbeistand – Trauerarbeit – Bewältigung der damit verbundenen Belastungen

Psychosoziale Nachsorgeeinrichtung und Fortbildungsseminar an der Chirurgischen Universitätsklinik Heidelberg
Ansprechpartnerin: Gerlinde Ruoff
Zielgruppen: Mitarbeiter/innen aus den Bereichen Krankenpflege, Sozialarbeit, Seelsorge und Psychologie, die innerhalb ihrer

praktischen Tätigkeit schwerstkranke und sterbende Patienten betreuen, pflegen und behandeln
Themenbereiche: psychosoziale Onkologie

* * *

Zusätzliche regionale Angebote können über die Arbeitsgruppe „Zu Hause sterben" erfragt werden

HOSPIZE UND PALLIATIVSTATIONEN IM DEUTSCHSPRACHIGEN RAUM

(Stand: Herbst 1992 – geordnet nach PLZ-Gebieten)

Zusätzlich zu zahlreichen Hospiz-Initiativen arbeiten in Deutschland bereits die unten genannten Hospize. Sie folgen unterschiedlichen Konzepten und erfüllen z. T. noch nicht alle Kriterien eines Hospiz-Programmes vollständig. Aufgenommen wurden an dieser Stelle nur diejenigen der uns bekannten Institutionen, die folgende Kriterien erfüllten: *regelmäßige, (mindestens federführende) Organisation eines ausschließlich für Sterbende und deren Angehörige gedachten, umfassenden (d. h. medizinischen, pflegerischen und psychosozialen) Betreuungsangebotes. Es muß eine kompetente Schmerztherapie, 24stündige Rufbereitschaft und Entlastungsangebote für die Familie einschließen.*

In dieses Verzeichnis erstmals mitaufgenommen wurden auch die Palliativstationen, die vom Bundesministerium für Gesundheit zur Zeit gefördert werden. Palliativstationen sind Spezialstationen oder -Abteilungen von Kliniken, die der lindernden Pflege (insbesondere der Schmerztherapie) von unheilbar kranken Menschen dienen. Sie verwirklichen oftmals wichtige Elemente eines Hospizangebotes. Manche der Palliativstationen arbeiten sogar im Sinne eines Hospizes. Andere verstehen sich aber in erster Linie als klinische Sondereinheiten, bei denen nach kliniksüblicher Routine gearbeitet werden muß und insbesondere die für Hospize typische ganzheitliche Fürsorge für Patient und Angehörige nicht gesichert ist. Wesentliche Schwäche vieler Palliativstationen ist die geringe Verzahnung mit dem ambulanten Bereich. Palliativstationen stellen grundsätzlich einen Kompromiß dar zwischen Hospiz-Fürsorge und klinischer Therapie.

Hospiz-Haus-Betreuungs-Team
am St. Elisabeth-Krankenhaus
Mauerstr. 6–10, 06110 Halle

Palliativstation
Krankenhaus Spandau
Lynarstr. 12, 13585 Berlin

Deutsche Hospizhilfe
Reit 25, 21244 Bucholz

Palliativstation
Klinik Dr. Hancken GmbH
Harsefelder Str. 8, 21680 Stade

Palliativstation
Allgemeines Krankenhaus Barmbek der Freien Hansestadt Hamburg
c/o Behörde für Arbeit, Gesundheit und Soziales
Hamburger Str. 47, 22083 Hamburg

Palliativstation
Klinikum der Medizinischen Universität zu Lübeck
Ratzeburger Allee 160, 23562 Lübeck

Katharinen Hospiz am Park
Palliativstation – Hospiz-Hausbetreuungsdienst
Mühlenstraße 1, 24937 Flensburg

Palliativstation
St.-Joseph-Hospital
Wiener Str. 1, 27568 Bremerhaven

Palliativstation
Evangelisches Krankenhaus Göttingen-Weende, 37075 Göttingen

Ambulanter Hospiz-Dienst Marburg
– Tumorzentrum –
Alte Kasseler Str. 43, 35039 Marburg

Hospiz Herborn e.V.
Adlerstraße 7, 35745 Herborn-Seelbach

Hospiz Steele e. V.
Hellweg 100, 45276 Essen

Palliativstation
Elisabeth-Krankenhaus GmbH
Röntgenstr. 10, 45632 Recklinghausen-Süd

Hospiz zum hl. Franziskus
Röntgenstr. 39, 45661 Recklinghausen

Hospiz Köln-Heimersdorf
Pater-Dionysius-Straße 14, 50767 Köln-Heimersdorf

Station für palliative Therapie
Chirurgische Universitätsklinik Köln
Joseph-Stelzmann-Str. 20, 50931 Köln
mit:

Hausbetreuungsdienst
Chirurgische Universitätsklinik Köln
Joseph-Stelzmann-Str. 20, 50931 Köln
und

Dr. Mildred-Scheel-Haus
Joseph-Stelzmann-Str. 20, 50931 Köln

Hospiz „Haus Hörn"
Johann-von-den-Driesch-Weg 4, 52076 Aachen

Palliativstation
Kreiskrankenhaus Marienhöhe GmbH
Mauerfeldchen 25, 52146 Würselen

Station für palliative Therapie
Robert-Janker-Klinik
Baumschulallee, 53115 Bonn

Station für Palliative Therapie
Malteser Krankenhaus
von-Hompesch-Str. 1, 53123 Bonn

Elisabeth-Hospiz
Ühmichbach 7, 53797 Lohmar-Deesem

Palliativstation
St.-Elisabeth-Krankenhaus
Friedrich-Ebert-Str. 59
Postfach 13 45, 56503 Neuwied

Hospiz zur hl. Elisabeth
Pfarrgasse 5, 57368 Lennestadt

Christopherus-Haus
Krankenhaus GmbH
Roßmarkt 23, 60311 Frankfurt/M.

Palliativstation
St.-Michael-Krankenhaus
Kühlweinstr. 103, 66333 Völklingen

Hospiz Louise
Kaiserstr. 21, 69115 Heidelberg

Palliativstation
Marienhospital Stuttgart
Böhlimstr. 37, 70199 Stuttgart

Hospiz „Sonnenlicht“
Ettlinger-Straße 39B, 76337 Waldbronn

Johanneshospiz
im Krankenhaus der Barmherzigen Brüder
Romanstraße 93, 80639 München

Österreichische Hospizinitiativen*

Hospiz-Team
der Caritas der Erzdiözese Wien
Müllnergasse 16, 1090 Wien

Hospiz St. Raphael
der Krankenanstalt des Göttlichen Heilandes
Dornbacher Straße 20–28, 1170 Wien

Tiroler Hospizgemeinschaft
Verein der Caritas für Sterbebegleitung und Lebensbeistand
Erlerstraße 12, 6020 Innsbruck

Hospizbewegung der Caritas Salzburg
für Lebens- und Sterbebegleitung
Albertus-Magnus-Haus, Gaisbergstraße 27, 5020 Salzburg

Hospiz Graz
Verein für Sterbebegleitung und Lebensbeistand Steiermark
Erreichbar über:
Bildungshaus Mariatrost, Kirchbergstraße 18, 8044 Graz

---

* Freundliche Mitteilung von Herrn Primarius Dr. Franz Zdrahal.

Hospize in der Schweiz

Riveneuve
Clos-du Moulin, 1844 Vielleneuve

Lighthouse
Hebelstraße 90, 4065 Basel

Lighthouse
Carmenstraße 42, 8032 Zürich

DIE MITARBEITER AN DIESEM BAND AUS DEM ST. CHRISTOPHER'S HOSPICE, LONDON

Mary J. Baines, Internistische Chefärztin
Helen Channon, Krankenschwester auf Station
Margaret Harris, Pastoralassistentin
Linda Jackson, Krankenschwester auf Station
Len Lunn, Seelsorger
Barbara Monroe, Direktorin für Sozialarbeit
Marie Murphy, Oberärztin, Internistin
Tony O'Brien, Internistischer Chefarzt
Barbara Saunders, Pflegedienstleiterin
Cicely Saunders, Vorsitzende, Internistin
Alison Virdee, Krankenschwester auf Station
Tom West, Medizinischer Direktor, Arzt
Bridget Wood, Oberärztin, Internistin

Ruth C. Cohn
Es geht ums Anteilnehmen
Die Begründerin der Themenzentrierten Interaktion zur Persönlichkeitsentfaltung
Band 4224

Irene Johns
Zeit alleine heilt nicht
Sexuelle Kindesmißhandlung – wie wir schützen und helfen können
Band 4216

Dorothee Sölle
Leiden
Band 4215

Liliane Juchli
Wohin mit meinem Schmerz?
Hilfe und Selbsthilfe bei seelischem und körperlichem Leiden
Band 4212

Rudolf Köster
Im Gleichgewicht bleiben
Umgang mit seelischen Belastungen
Band 4198

Ellen Fischer
Warum ist das gerade mir passiert?
Wie wir Krankheit deuten und bewältigen
Band 4194

Joseph Weizenbaum
Wer erfindet die Computermythen?
Der Fortschritt in den großen Irrtum
Herausgegeben von Gunna Wendt
Band 4192

Gina Kaestele
Umarme deine Angst
Neun Helfer zur Verwandlung von Hilflosigkeit und Angst
Das praktische Selbsthilfeprogramm
Band 4179

Tom McLean
Die schwindende Zeit
Leben mit Aids
Band 4157

Saliha Scheinhardt
Frauen, die sterben, ohne daß sie gelebt hätten
Erzählung
Band 4155

Fremd in einem kalten Land
Ausländer in Deutschland
Herausgegeben von Namo Aziz
Band 4130

Thea Bauriedl
Wege aus der Gewalt
Analyse von Beziehungen
Band 4129

Trauernden und Sterbenden nahe sein

Robert W. Buckingham
Hospiz – Sterbende menschlich begleiten
Menschenwürdig leben im Angesicht des Todes.
24 Seiten, Paperback
ISBN 3-451-23116-6

Daniela Tausch-Flammer
Sterbenden nahe sein
Was können wir noch tun?
Sterbebegleitung: Erfahrungswissen für den letzten gemeinsamen Weg.
92 Seiten, Paperback
ISBN 3-451-23097-6

Lothar Jander
Gemeinsam gegen die Verzweiflung
Gespräche über das Leben mit Schwerstkranken und Sterbenden
Halt geben und Halt finden wenn geliebte Menschen leiden.
92 Seiten, Paperback
ISBN 3-451-23122-0

Enna Pertim
Abschied heißt nicht Ende
Frauen erzählen über den Tod ihres Partners und ihr Leben nach dem Verlust
Eindrucksvolle Protokolle von Frauen auf der Suche nach einem neuen Leben.
60 Seiten, Paperback
ISBN 3-451-23105-0

Daniela Tausch-Flammer/Lis Bickel
Wenn Kinder nach dem Sterben fragen
Ein Begleitbuch für Kinder, Eltern und Erzieher
Gemeinsam mit Kindern über das Unbegreifliche sprechen.
76 Seiten, Paperback
ISBN 3-451-23141-7

Herder